Europa, a via romana

Rémi Brague
Europa, a via romana

Tradução de
Jair Santos

MNĒMA

Título original:
Europe, la voie romaine
Rémi Brague
Fleurus Éditions © First published in French by
Criterion, Paris, France – 1992
1ª edição — Editora Mnēma, São Paulo, 2020.
ISBN: 978-65-991951-1-2

Editor:
Marcelo Azevedo

Tradução:
Jair Santos

Revisão e Preparação do texto:
Letícia de Paula

Revisão final:
Diogo Chiuso e Paulo Fonseca

Editoração, capa & projeto gráfico:
J. Ontivero

Dados Internacionais de Catalogação na Publicação (CIP)
de acordo com ISBD

B813t   Brague, Rémi

Europa, a via romana / Rémi Brague ; traduzido por Jair Santos. – Araçoiaba da Serra, SP : Mnēma, 2020.
188 p. : 14cm x 21cm.

Tradução de: Europe, la voie romaine
ISBN: 978-65-991951-1-2

1. História. 2. História da Europa. I. Santos, Jair. II. Título.

CDD 940
2020-2500   CDU 94(4)

Elaborado por Vagner Rodolfo da Silva - CRB-8/9410

Índice para catálogo sistemático:
1. História da Europa 940
2. História da Europa 94(4)

Todos os direitos desta edição reservados à
EDITORA MNĒMA
Alameda Antares, nº 45
Condomínio Lago Azul — Bairro Barreiro
CEP: 18190-000 — Araçoiaba da Serra/SP
www.editoramnema.com.br

Distribuição: **cedet.**
CEDET — Centro de Desenvolvimento Profissional e Tecnológico
Av. Comendador Aladino Selmi, 4630 – GR2 - Módulo 8 - Vila San Martin, Campinas/SP CEP 13069-096.
Telefone: 19-3249-0580 / 19-3327-2257. E-mail: livros@cedet.com.br

SUMÁRIO

PREFÁCIO À EDIÇÃO BRASILEIRA 7

CAPÍTULO I
As divisões constitutivas 13

CAPÍTULO II
A romanidade como modelo 29

CAPÍTULO III
A romanidade religiosa: A Europa e o judaísmo 45

CAPÍTULO IV
A romanidade cultural: A Europa e o helenismo 65

CAPÍTULO V
A apropriação do estrangeiro 87

CAPÍTULO VI
Para uma higiene do próprio 109

CAPÍTULO VII
O eurocentrismo é europeu? 123

CAPÍTULO VIII
A Igreja Romana 141

CAPÍTULO IX
Conclusão: A Europa ainda é romana? 163

POSFÁCIO 175

ÍNDICE ONOMÁSTICO 181

PREFÁCIO À EDIÇÃO BRASILEIRA

Como autor, é evidente que a primeira reação à ideia de ver meu livro traduzido em português é de alegria, seguida imediatamente do desejo de cumprir um agradável dever: agradecer meu tradutor, Jair Santos. Tive a alegria de conhecê-lo quando ele desejava ingressar na Escola Normal Superior de Paris da *rue d'Ulm*, a título de aluno estrangeiro. Desde então, esse esforço foi plenamente coroado de sucesso e prosseguiu com estudos de história em Paris e em Pisa, onde se encontra a escola gêmea da escola francesa. A qualidade incomum de seu francês, já excelente antes de sua estadia na França, faz-me antever suas qualidades de tradutor dessa língua. Ele faz jus, portanto, a todo meu reconhecimento.

Ocorre que comecei a publicar os artigos que em seguida reuni no presente livro quando meu tradutor ainda não era nascido. E sua redação final coincidiu mais ou menos com o seu nascimento. Assim, o livro e seu tradutor são quase irmãos gêmeos... O que me leva a algumas considerações retrospectivas acerca do destino da obra.

A alegria de me ver doravante acessível ao público brasileiro mistura-se a uma surpresa ao constatar que esse livro que me fez sair do âmbito restrito da erudição universitária para me dirigir a um público culto, mas não especializado, tenha sido traduzido em português mais tarde que outros trabalhos muito mais volumosos e árduos, ou puramente técnicos.

Alegro-me igualmente por esse livro continuar a suscitar interesse depois de quase trinta anos de vida. Certas obras conhecem no seu lançamento um rápido surto de interesse para cair em seguida num purgatório de onde nem sempre saem. Esta, em contrapartida, nunca se beneficiou de muita publicidade nem conheceu uma enorme difusão; mas se difunde lentamente por intermédio (convém dizer) de uma dúzia de traduções. Em seu inevitável jargão inglês, os editores falam de um *long seller*.

Com efeito, a primeira edição foi publicada em 1992 por uma pequena editora corajosa e um tanto artesanal, ou amadora, Critérion. Seu relativo sucesso levou, desde o ano seguinte, a uma segunda edição já um pouco mais longa. Enfim, em 1999, uma terceira edição, a última a ser publicada em francês, contava aproximadamente um terço a mais que a primeira, e coincidia com a passagem para outra editora, mais divulgada, e com a adoção do formato "de bolso". Seu preço reduzido permitia a aquisição por parte do público jovem, em especial de estudantes. Em contrapartida, o novo formato proibia uma reimpressão e, por isso, novos desenvolvimentos. A bola de neve, portanto, parou de rolar e de se enriquecer com novas reflexões, pelo menos em língua francesa.

Contudo, um capítulo suplementar acerca da noção, a meu juízo equivocada, de "eurocentrismo" foi redigido em 2004 e publicado em língua francesa numa obra coletiva pouca divulgada e acessível apenas nas traduções publicadas desde então, isto é, em polonês, holandês e estoniano, bem como na segunda edição da tradução italiana. E agora figura, para minha grande satisfação, na presente tradução brasileira.

Desde o início da trajetória do livro, portanto, quase trinta anos depois da primeira edição e mais de vinte anos depois da última, muita água passou debaixo das pontes. Inclusive sob aquelas, puramente imaginativas, que figuram nas notas de Euro emitidas pelo Banco Central Europeu. Meu livro, desde sua primeira edição, concluía-se com uma questão que testemunhava certa angústia: nós ainda somos romanos? Desde então, depois de trinta anos de leituras e reflexões sobre a cultura europeia e sobre as instituições que reivindicam esse adjetivo, mas também à luz dos eventos ocorridos durante o período, encontro-me encurralado entre duas impressões contrárias.

De um lado, estou cada vez mais consciente da singularidade da cultura europeia, que se tornou há muito tempo "ocidental", de sua diversidade, de sua riqueza, de seu interesse. Também das circunstâncias históricas e da sorte que lhe permitiram se estender sobre a terra inteira, para o melhor e para o pior. Pois quem, no século X, teria apostado nesse "pequeno cabo da Ásia" (Paul Valéry)? E não, em vez disso, na civilização islâmica, então no seu apogeu? O futuro não lhe pertenceria? O islã começou conquistando regiões centrais do mundo: aquelas cuja fecundidade econômica e cultural deram à humanidade a escrita, o alfabeto, o Estado, o império. Elas alimentaram o Império Romano com a sua farinha, converteram os cidadãos às suas religiões, dentre as quais o cristianismo devia prevalecer sobre Mitra, Ísis e Cibele. Elas abrigavam as escolas de direito, de lógica, de medicina e de filosofia. O islã se apropriou das riquezas antigas fazendo-as frutificar em todas as áreas do saber: matemática (incluindo astronomia), medicina e farmacopeia, filosofia. Ele não se imporia no resto do mundo? A Europa, em contrapartida, estava longe de tudo, fora dos grandes lugares de cultura e de fé, e precisava se contentar com as parcas fontes intelectuais disponíveis em latim. Ora, foi o Davi europeu, que se tornou "ocidental", que se reformou, que adotou técnicas agrícolas e artesanais vindas do Extremo Oriente, que melhorou suas produções de alimento e aumentou sua população. Ele levou os dados de sua pequena biblioteca a um extremo refinamento conceitual; ele teve a curiosidade de importar os saberes grego e árabe. Foi ele que, em seguida, triunfou sobre os Golias islâmico, indiano, malaio, chinês, submetendo-os pelas armas, pela ciência e pela tecnologia, pela economia e pela escola.

Por outro lado, eis a outra parte da encruzilhada, não tenho a menor vontade de repousar sobre os louros obtidos pelos meus ancestrais e de celebrar a Europa e seus sucessos. Muito pelo contrário, corrói-me a dúvida diante de seu futuro possível ou provável. Ainda é plausível a eventualidade de ver prosseguir a história enraizada no mundo antigo, "Atenas e Jerusalém", lançada depois da reviravolta decisiva do século XI, prolongada com os descobrimentos e com a aventura colonial, assim como, paralelamente, o movimento humanista, filológico e histórico? Mil anos depois da decolagem europeia, parece que as relações estão se invertendo e esse parêntese está se fechando.

Forças consideráveis levam hoje, muito mais do que há trinta anos, a uma visão obscura das relações da Europa com o resto do mundo, que dá origem a uma obsessão pelo arrependimento. Doravante, a história se escreve como uma acusação de si, compensada por uma visão cor de rosa, e amplamente ilusória, do passado de tudo aquilo que não é europeu. Totalmente ao contrário do que nos ensina a pesquisa séria, repetimos incessantemente que a colonização, a escravidão, a intolerância, etc. seriam especialidades europeias.

Ainda mais grave, assistimos, dentro das próprias elites europeias, a um desenraizamento sempre crescente em relação às fontes antigas, tanto clássicas quanto bíblicas.

O distanciamento já evidente que eu recordava, depois de tantos outros, em relação aos gregos, aos romanos e a Israel só se agravou em apenas uma geração. Nesse contexto, a ignorância atingiu tal nível que já não estamos sequer conscientes do que perdemos. O esquecimento se redobra com um esquecimento do próprio esquecimento.

Desse modo, se quisermos resistir a essas tendências e tentações autodestrutivas, a primeira tarefa a cumprir seria conscientizar, no mínimo, acerca do esquecimento, de seu conteúdo, de sua amplitude. Em seguida, seria preciso explicar a todos os herdeiros da cultura europeia que seu passado não é inteiramente obscuro, mas, como aliás o passado de qualquer cultura, ambíguo, uma mistura indissociável de sombra e de luz. Enfim, seria preciso incitá-los a beber novamente das fontes dessa cultura, a fim de encontrar nelas algo para corrigir o que foi perdido e recomeçar sobre bases mais sólidas.

Para tanto, são necessárias forças vivas dispostas a se lançar nessa obra de grande fôlego. Talvez possamos esperar que as jovens nações do Novo Mundo — por exemplo, o Brasil — saberão encontrar nelas os recursos necessários. Possa esse livro ajudá-las.

RÉMI BRAGUE
Paris, 21 de setembro de 2020.

CAPÍTULO I
AS DIVISÕES CONSTITUTIVAS

Quando, como faço aqui, alguém se propõe a falar da Europa, é preciso em primeiro lugar dizer o que se entende por isso. No entanto, quando tentamos esclarecê-lo, muitas vezes indagamos que gênero de coisas qualificamos de "europeias". Obtemos, então, uma lista mais ou menos longa de dados que parecerão positivos ou negativos segundo o gosto de cada um: a economia de mercado, a democracia, a técnica, mas também o imperialismo, etc. Não será difícil, então, ver que esses fenômenos se encontram também em regiões do globo que não se vinculam à Europa, e mesmo antes e em patamar mais elevado do que nela: os Estados Unidos fizeram sua revolução antes da França; hoje eles são talvez mais democráticos e o Japão mais avançado tecnologicamente que a Europa. Assim, vemos surgirem dois conceitos de Europa: um, que podemos chamar "cultural", agrupa certo número de fatos econômicos, políticos; outro, o conceito "geográfico", designa certo lugar do globo que podemos apontar no mapa.

Como aquilo que é "europeu", ainda que se encontre em todo ou em parte do globo, recebe seu nome da origem em algum ponto deste, parece mais claro adotar como ponto de partida o conceito "geográfico" da Europa. E é sobre ele que falarei neste capítulo. Mas esse conceito, ainda que se refira a uma realidade concreta, não é óbvio. Com efeito, ele designa um espaço que não é difícil determinar; a dificuldade começa quando tentamos delimitá-lo. O espaço europeu, diferentemente da América ou da África, não tem fronteiras naturais. Exceto a Oeste, onde aliás elas ainda não são compreendidas como tais.[1] As fronteiras da Europa, como veremos, são culturais.

Em seguida, buscarei delimitar o espaço europeu através de uma abordagem progressiva, inserindo-o numa série de dicotomias. Esse sistema deverá se estreitar e se encerrar num resíduo que será a Europa. Desse modo, não é por meio de uma união que chegaremos à Europa, cuja tradução econômica e política, no entanto, está bem ou mal se unindo. Chegaremos a ela às custas de uma divisão que a separará daquilo que ela não é. Esse paradoxo aparece, do modo mais elementar, num mapa de geografia. Começarei, portanto, recordando alguns dados fundamentais, como lembrete, e sem pretender qualquer originalidade.[2]

DICOTOMIAS

Podemos considerar a Europa, tal como é possível indicá-la hoje no planisfério, como o resultado, o resíduo, de um série de dicotomias. Estas se operaram segundo dois eixos, um eixo Norte-Sul que separa um Leste do Oeste, e um eixo perpendicular, Leste-Oeste, que separa um Norte e um Sul. Elas remontam a vários milênios. Curiosamente, mas sem qualquer significado específico, elas se operaram mais ou menos a cada cinco séculos.

---

[1] Portugal não se considera cercado pelo Atlântico, mas aberto a ele.

[2] Poupo-me de indicar uma bibliografia acerca dessa recapitulação histórica e geográfica. Todo o necessário será encontrado nas obras de história. Limito-me a indicar em notas alguns textos pontuais. A importância de uma delimitação cronológica e geográfica do objeto "Europa" é destacada por: O. Halecki, *The limits and Divisions of European History*, New York: Sheed & Ward, 1950, XIV.

a) A primeira dicotomia se estabelece segundo um eixo Norte-Sul. Ela divide um Oeste e um Leste, em suma, a bacia do Mediterrâneo de uma parte ("Ocidente") e, de outra, o restante do mundo ("Oriente"). Ela começa a operar-se quando a Grécia conquista sua liberdade em relação ao Império Persa, no momento das Guerras Médicas e chega plenamente a termo no momento em que o helenismo conquista o conjunto da bacia do Mediterrâneo. Isso ocorre primeiramente com Alexandre Magno e os reinos helenísticos que o sucedem. Em seguida, prossegue com a conquista romana: da campanha vitoriosa de Pompeu contra os piratas, terminada em 67 a.C., até a conquista pelo islã de suas costas meridionais, nos séculos VII e VIII, o espaço marítimo mediterrâneo será o domínio pacífico e indiviso do mundo romano que lhe dará o seu nome (*mare nostrum* para os próprios romanos, *bahr Rum* para o islã). Essa conquista isola uma "terra habitada" (*oikous-mené*) do resto do universo, considerado bárbaro. A fronteira que os separa permaneceu flutuante durante muito tempo. A expansão máxima em direção a Leste na época de Alexandre, que chegou até o Indo, era sobretudo militar. O processo de helenização do Oriente foi lento e envolveu principalmente as cidades. A presença de Roma na região nunca pôde fazer coincidir totalmente a fronteira do helenismo com aquela que separa o mundo romano do Império Persa. Com efeito, este, ao menos sob a dinastia sassânida, sofreu igualmente a influência da cultura helênica.

A proximidade do "Oriente" permitirá, em troca, certa "orientalização" do mundo romano que se transforma, por exemplo, num totalitarismo copiado de seu adversário sassânida.[3]

É nessa unidade mediterrânea, a partir do início da nossa era — que aliás se define por meio dele — que se instala o cristianismo, que começa a se chamar católico (isto é, universal).

---

[3] H.-I. Marrou, *Décadence romaine ou Antiquité tardive?*, Paris: Seuil, 1977, p. 25.

b) Surge, em seguida, uma segunda divisão, segundo um eixo Leste-Oeste. Ela se opera no interior da bacia do Mediterrâneo, separada em duas metades mais ou menos iguais: trata-se da divisão Norte-Sul consecutiva à conquista muçulmana do Leste e do Sul do Mediterrâneo, no século VII.[4]

As fronteiras entre esses dois domínios mudarão pouco daquele tempo até hoje. Quando muito, o eixo Leste-Oeste oscilará ligeiramente nos seus entornos. Podemos deixar de lado as investidas provisórias: a invasão de saqueadores árabes a Poitiers,[5] a ocupação da Sicília pelo islã, ou da Palestina pelos Cruzados. As retificações duráveis permanecerão raras: será lembrada, a partir do século XI, a passagem do islã da Anatolia (à qual os conquistadores deram o nome atual de Turquia), compensada pela reconquista cristã da Península Ibérica, concluída três séculos depois. As invasões turcas no Império Austríaco nos séculos XVI e XVII não terão futuro; em contrapartida, deixaram traços duráveis sob a forma de populações muçulmanas na Bulgária, na Bósnia e na Albânia. E a Grécia esperaria até o século XIX para recuperar sua independência, perdida no século XV.

O islã, por sua vez, não se limitará ao mundo mediterrâneo. Ele rapidamente o extrapolará. Primeiramente, rumo a Leste, englobando bruscamente a Pérsia e a Ásia Central, depois, progressivamente, a Ásia Oriental. Em seguida, rumo ao Sul, infiltrando-se na África. Desse modo, questionará a divisão do mundo em Oriente e Ocidente — redistribuição do espaço que terá grandes consequências

---

[4] Cf. o ensaio preliminar de Henri Pirenne, "Mahomet et Charlemagne" (1992), in: *Histoire économique de l'Occident médiéval*, DDB, 1951, pp. 62–70. Os historiadores contestarão não a importância capital da divisão entre margens setentrional e meridional do Mediterrâneo mas as consequências que o historiador belga lhe atribui.

[5] Recordo aqui a consequência irrisória da batalha de Poitiers. O verdadeiro empecilho à expansão muçulmana rumo a Leste é antes o fracasso das expedições contra Bizâncio na mesma época. Cf. B. Lewis, *Comment l'islam a découvert l'Europe*, NRF: Paris, 1990, pp. 10–12.

culturais, como veremos adiante. Rumo ao Norte e ao Oeste, a proximidade do islã não deixará de marcar a cristandade abrindo-a às influências oriundas dele próprio ou do Oriente mais distante. O mundo latino herdará dele uma boa parte do helenismo.[6] E o mundo bizantino, embora diretamente em luta contra o islã, se desenvolve em constante relação com ele.[7]

Assim como o islã afastará seu centro gravitacional do Mediterrâneo, o que se concluiu quando os califas abássidas deslocaram sua capital de Damasco a Bagdá, a cristandade se concentrará mais ao Norte, entre o Loire e o Reno. Quanto à Europa, o domínio onde ela nascerá mais tarde é justamente o norte do Mediterrâneo. Ela não se limita a ele, pois se espraia, como sabemos, em duas direções: por terra, com a expansão alemã, depois russa — até a Ásia Central e a Sibéria; por mar, a partir das grandes descobertas, que levarão à colonização e ao povoamento das duas Américas e da Oceania pelos europeus.

A Igreja tampouco se limita ao seu domínio: o cristianismo, mesmo antes das missões da época moderna na América, depois na África, também é desde o início africano, com a Igreja monofisista da Etiópia, e oriental com o Nestorianismo da Ásia Central e da China — sem falar dos cristãos do Oriente, vivendo sob a dominação muçulmana na qualidade de comunidade religiosa "protegida" ou à margem desta (Armênia, Geórgia).

c) Assistimos em seguida a uma terceira divisão. Ela se opera no interior da cristandade, segundo um eixo Norte-Sul. É o cisma entre latinos e bizantinos, advindo em âmbito religioso talvez desde o século X, ou pelo menos em 1054, e politicamente consumado em 1204, com a tomada

---

[6] Cf. *infra*, cap. IV, p. 90 e ss.

[7] Cf. o ensaio extremamente sugestivo de G.E. von Grunebaum, "Parallelism, Convergence and Influence in the Relations of Arab and Byzantine Philosophy, Literature and Piety", in: *Dumbarton Oaks Papers*, 18 (1964), pp. 91–111.

de Constantinopla pelos soldados da terceira cruzada. Ele inaugura uma tensão crescente entre um Oeste católico e um Leste ortodoxo.[8]

Essa divisão se opera no interior do mundo que permaneceu romano e desemboca numa linha divisória que preexistia desde a época pagã: ela começa, na verdade, coincidindo basicamente com aquela que separava o Império Ocidental, no qual o latim era a língua da administração, do comércio e da cultura, e o Império Oriental, o qual, não obstante tenha sido até tarde administrado em latim, tinha o grego como língua principal de cultura. Ela se prolonga em seguida para o Norte no momento da conversão dos eslavos.[9] Com efeito, estes optarão por uma separação: uns do lado latino do cristianismo (eslovenos, croatas, poloneses, tchecos, eslovacos, etc.), como farão igualmente os húngaros, os lituanos e os escandinavos; outros do lado grego (russos, servos, búlgaros), como farão também os romenos. A divisão não será inteiramente colocada em questão, no plano da cultura, pela emergência, nos séculos XVII e XVIII, de igrejas ligadas à sede romana ("uniatas"), como na Ucrânia.

Essa divisão se opera igualmente no interior da cristandade que se alojou no mundo romano e esteve ligada a ele. Ela divide a Igreja que até então afirmava sua ortodoxia face às heresias nestoriana e jacobita e sua fidelidade ao império (daí o nome de "melquita" recebido em terra armênia). O cisma divide em dois o que até então permanecia indiviso. Mas, ao mesmo tempo, constitui a Europa. Com efeito, é depois do cisma do Oriente que a palavra "católico" toma um sentido diferente. A Igreja que se designa por

---

[8] O. Halecki, ele mesmo polonês, demonstra bem com que prudência é preciso aqui fazer esse recorte: cf. op. cit., cap. VI: "The geographical divisions (a) Western and Eastern Europe", pp. 105–122.

[9] Nesse campo, um livro ajudou-me muito a compreender a que ponto eu não entendia nada do assunto: A. & J. Sellier, *Atlas des peuples d'Europe centrale*, Paris: La Découverte, 1991.

esse adjetivo ocupa, na verdade, um domínio que cobre mais ou menos o que hoje chamamos de Europa: as duas metades, central e ocidental, de um todo que vai até o leste da Polônia, dividido no pós-guerra, como hoje nos damos conta, de modo totalmente artificial.

Quanto ao mundo ortodoxo, sobretudo a Rússia, o fato de pertencer à Europa não é de modo algum evidente para nenhum dos dois lados.[10] O slogan "Europa do Atlântico ao Ural" é típico de um europeu do Oeste. No Leste, essa ligação é objeto de um debate interno, secular, mas ainda atual, entre tendências eslavófila e ocidentalista.

d) Enfim, uma última divisão se opera segundo um eixo Leste-Oeste. É a Reforma[11] que, no século XVI, separa o domínio protestante do domínio católico: de modo geral, o Norte passa ao protestantismo luterano ou calvinista (Escandinávia e Inglaterra, com a nuança anglicana), e o Sul permanece católico (Espanha, Portugal, Itália). O centro fica disputado: na Alemanha, como observamos, a Reforma se estabelece primeiramente nas zonas que estavam situadas além da fronteira do Império Romano (*limes*). A França permanece por muito tempo indecisa. No mundo danubiano as fronteiras também levam algum tempo para se fixar: uma boa parte, convertida ao protestantismo, é reconquistada pelo catolicismo no século XVII, não sem deixar alguns ressentimentos, como na Boêmia.

Essa divisão se opera no interior da cristandade do Ocidente. Como coincide com a Europa, ela não é posta em causa: com a cristandade, é também a Europa que se encontra dividida. Desse modo, o mundo reformado é decididamente tão europeu quanto o mundo católico.

---

[10] Para a reticência dos ocidentais do Renascimento a integrar a Rússia à Europa, cf. D. Hay, *Europe. The emergence of an idea*, Edimburgo: Edinburgh University Press, 1957.

[11] Prefiro aqui esse termo que permite individualizar os eventos que seguiram o ano 1517 em relação às múltiplas reformas da história da Igreja, inclusive a reforma católica ligada ao Concílio de Trento.

UMA MEMÓRIA CICATRIZADA

A Europa nos apresenta assim um rosto cicatrizado que guarda o traço das feridas que a constituem. Os europeus devem preservar a lembrança dessas cicatrizes. Elas têm um duplo papel: primeiramente os definem em relação ao que não é a Europa; em seguida, rasgam a Europa no seu próprio interior. Conservar a memória dessas divisões pode evitar que cometamos várias confusões.

De maneira geral, evitaremos sobrepor precipitadamente as dicotomias que foram feitas, sobretudo quando elas se constroem sobre eixos dirigidos do mesmo modo. Em particular, mesmo que as palavras se sobreponham, a antiga distinção entre Oriente e Ocidente não coincide com aquela entre Oriente e Ocidente romanos, depois cristãos. Ela coincide menos ainda com aquela que opõe à Europa Ocidental o "Oriente" do orientalismo — para o qual o Marrocos é oriental e a Grécia ocidental (talvez se possa retomar aqui os velhos termos de Levante e Poente). As distinções que faço me parecem ajudar a evitar os mitos em torno do "Oriente" em geral, no qual desembocam as contra-imagens em relação às quais a Europa se define.[12]

Para entrar nos detalhes, são necessários aqui alguns lembretes:

a) a primeira divisão (a oposição bacia do Mediterrâneo/ resto do mundo) não tem o mesmo estatuto das demais. Com efeito, as outras divisões colocam do mesmo lado entidades que possuem a mesma natureza e que se consideram como unidades. Assim, o islã pode até ser rico de uma diversidade de povos e línguas, mas ele se considera, na sua teoria político-teológica, um mundo unido,

---

[12] A literatura acerca desse tema é abundante. Veja-se, por exemplo: E. Said, *L'Orient créé par l'Occident*, Paris: Seuil, 1980 (com a resposta de B. Lewis, "La question de l'orientalisme", in: *Le retour de l'Islam*, Paris: NRF, 1985, pp. 291–314) e T. Hentsch, *L'Orient imaginaire. La vision politique occidentale de l'Est méditerranéen*, Paris: Minuit, 1988.

"pacificado" (*dar-as-salam*), numa "guerra" comum contra o paganismo (*dar al-harb*) e numa "treva" comum com os outros monoteísmos (*dar-as-sulh*). Do mesmo modo, os mundos ortodoxo, protestante, católico creem formar unidades relativamente uns aos outros. Cada unidade se define assim em relação à outra unidade. Mas o que ocorre com o "Oriente"? O Oriente deseja ser uma unidade? Tem consciência de formar uma unidade? Em que balaio reunir o mundo indiano com aquele que o espalhou, Tibete, Indonésia ou Sudeste Asiático, o mundo chinês com suas esferas de influência cultural, Japão, Coreia, etc.? O "Oriente", concebido como unidade, não é mais que uma miragem ou um constraste, de qualquer modo para o uso dos ocidentais. Aliás, foi justamente como o apreenderam os melhores gregos. Como Platão, que zomba de uma divisão da humanidade entre gregos e bárbaros — que seria, por sinal, semelhante à divisão do reino animal entre o homem e o resto dos seres vivos.[13]

Louvarei, portanto, o esforço de reintegrar a memória das culturas muito variadas que juntamos no balaio "Oriente", e desde já, a fim de dar esse primeiro passo rumo à reminiscência que é a consciência de ter esquecido.[14] Mas não me arriscarei aqui falando eu mesmo do que distingue o Ocidente do Oriente. Em primeiro lugar, pela razão que mencionei, ou seja, que o Oriente não me parece constituir uma verdadeira entidade. Em segundo, porque não tenho acesso em primeira mão a essas culturas.

Limito-me a uma observação que não extrapola minha proposta: recordar essa distinção impede de confundir o Ocidente com a cristandade. O cristianismo tem, na verdade, uma vocação universal e não se limita à área geográfica pela qual se estende em dado momento.

---

[13] Cf. *Político*, 262d.
[14] Cf. R.-P. Droit, *L'oubli de l'Inde. Une amnésie philosophique*, Paris: PUF, 1989.

b) A segunda divisão (a oposição do Norte cristão com o Sul muçulmano) impede que a cristandade seja confundida com a cultura greco-latina. O islã também é herdeiro dela em larga medida: ele se instalou num domínio cultural preparado pelos reinos helenísticos, depois por Bizâncio, do qual adotará vários elementos.[15] É possível ainda que certas dimensões do mundo muçulmano sejam, por assim dizer, mais "antigas" que o nosso mundo ocidental. Um exemplo: o amã. A palavra basta para desencadear no espírito do Ocidental todos os clichês ligados àquilo que se passa por "tipicamente árabe". Porém, o que é o amã senão as antigas termas esquecidas no Ocidente e conservadas no Oriente?

c) A terceira divisão (a oposição do Leste grego, ortodoxo com o Oeste latino, católico) impede que o cristianismo seja confundido com uma cultura, ou com determinados costumes. Com efeito, a diferença entre estes faz subsistirem elementos que podemos considerar decisivos. Na verdade, subsiste entre as duas Igrejas (se considerarmos que elas formam de fato duas) uma comunhão no nível essencial: cada Igreja reconhece a legitimidade dos sacramentos da outra.[16] E esse reconhecimento mútuo implica um reconhecimento da validade da sucessão dos bispos a partir dos apóstolos, e da legitimidade dos ministérios que estão ligados a ela (*communio in sacris*).

d) A quarta divisão (entre o Norte protestante e o Sul católico) convida, enfim, a não confundir a afirmação segundo a qual a Igreja Católica recebeu a promessa de não se equivocar quanto ao essencial da mensagem, com a

---

[15] Esse ponto foi vigorosamente recordado por C.H. Becker, que arrisca a sentença: "Sem Alexandre Magno não haveria civilização islâmica!", cf. "Der Islam als Problem" (1910), in: *Vom Werden und Wesen der islamischen Welt, Islamstudien*, Leipzig: Quelle & Meyer, t.1, 1924, p. 16. Ver também: "Der Islam im Rahmen einer allgemeinen Kulturgeschichte", ibid., pp. 24–39, no qual se defende com vigor o fato de que o mundo islâmico pertence ao Ocidente.

[16] O reconhecimento dos sacramentos católicos pelas Igrejas ortodoxas, pelo menos na prática, não é claro em termos de princípios.

rejeição da presença, fora dela, de elementos dessa mensagem que deveriam ser melhor desenvolvidos.

UMA FILIAÇÃO GRADUADA

Se me proponho aqui a relembrar as divisões constitutivas da unidade europeia, é para poder colocar em novos termos a questão da identidade europeia — e para subvertê-la.

Uma cultura se define em relação aos povos e aos fenômenos que ela considera como seus "outros". Podemos proceder do mesmo modo com a Europa. Mas, neste caso, encontramo-nos diante de muitos "outros" que não podemos reduzir a um coadjuvante ou a um contraponto indiferenciado. A alteridade da Europa em relação a cada um de seus diferentes "outros" não se situa no mesmo plano.

Assim, a Europa, enquanto Ocidente, é o "outro" do Oriente. Mas divide essa alteridade com o mundo muçulmano, com o qual tem em comum a herança greco-latina.

Enquanto cristandade, é o "outro" do mundo muçulmano. Mas divide essa alteridade com o mundo ortodoxo, com o qual tem em comum o cristianismo.

Enquanto cristandade latina, é o "outro" do mundo bizantino, de cultura grega. Mas essa alteridade não é compartilhada pela Europa com ninguém: a separação dos mundos católico e protestante ocorre dentro da própria cristandade latina — ainda que o mundo protestante se defina por oposição à Igreja dita "romana".

Gostaria, portanto, de introduzir na ideia de Europa uma gradação: a Europa é uma noção variável. Somos mais ou menos europeus. Assim, se o mundo protestante me parece tanto europeu quanto o mundo católico, a adesão à Europa do mundo oriental, de tradição grega e ortodoxa, parece-me menos clara que a do mundo de tradição latina e católica.

Não se trata com isso de excluir da Europa os países de tradição ortodoxa por uma decisão ativa de rejeição, mas de constatar um fato e registrá-lo. Porque, sem dúvida, esses países sempre se consideraram "romanos", e até mesmo uma continuidade do Império através de uma segunda Roma (Bizâncio), ou ainda por uma terceira, que seria Moscou; ademais, eles sempre se consideraram membros da cristandade. E não há qualquer razão para negar-lhes essas duas filiações. Em contrapartida, no decorrer da história, eles nunca consideraram óbvio o fato de pertencer à Europa. Em particular, até uma data bastante recente, eles nunca manifestaram o desejo de pertencer a ela reivindicando-lhe o nome. "Europa" designa também para os bizantinos e para os seus descendentes a cristandade latina. Damos alguns exemplos: Georges (Gennadios) Scholarios, quando cita autores latinos chama-os de *Europaioi*. É assim que ele opõe os "europeus", entre os quais coloca o tunisino Santo Agostinho, e os "asiáticos", como o egípcio São Cirilo de Alexandria[17]... Os judeus da Bulgária, no começo deste século, imaginavam a Áustria-Hungria como a "Europa".[18] E ainda hoje, um ateniense que embarca para Paris ou para Roma diz que vai "*stin Europi*" [à Europa].

Não se trata, portanto, de anexar esses povos, apesar deles, a uma entidade da qual nunca se sentiram membros. Isso, evidentemente, não os repele às trevas exteriores de uma barbárie qualquer. De modo algum identifico a Europa com o mundo civilizado... Ser-lhe exterior não é ser-lhe inferior. Além disso, a constatação dessa exterioridade se relaciona unicamente com a história cultural, por isso não tem obviamente que ver com os problemas contemporâneos de natureza econômica, política, estratégica, etc.,

---

[17] *Traité sur l'âme*, I, §6, ed. Petit et al., t. I, p. 468 (M.-H.-C).

[18] Cf. memórias de Elias Canetti, *Die gerettete Zunge. Geschichte einer Jugend*, Fischer Taschenbuch Verlag, 1984, p. 114 e *Die Fackel im Ohr. Lebensgeschichte 1921–1931*, ibid., 1991, p. 81.

sobre os quais não tenho qualquer competência para me expressar: saber se é preciso ou não alargar as fronteiras da Comunidade Econômica (dita) Europeia aos países do ex-Leste, ou ainda à Turquia; ou saber se é preciso ou não ajudar a se recuperarem os povos da ex-URSS — cujo infortúnio, lembremos, não se originou da "alma eslava" mas de uma ideologia de origem europeia...

UMA IDENTIDADE EUROPEIA

As considerações precedentes, que aparentemente têm que ver apenas com a história e a geografia, têm uma dimensão mais vasta. Elas permitem, na verdade, dar à meditação sobre a Europa nada menos que seu próprio objeto. Comecei retomando uma distinção banal entre dois conceitos de Europa: a Europa como lugar e a Europa como conteúdo. Agora podemos ver como eles se articulam um sobre o outro. A Europa como lugar é o espaço que tentei restringir ao máximo por uma série de dicotomias que, é claro, se referem sobretudo à geografia intelectual ou espiritual. A Europa como conteúdo é o conjunto de fatos, historicamente identificáveis, que se produziram no interior desse lugar. Esses eventos podem ser pontuais ou cobrir longos períodos. Todos eles contribuíram mais ou menos para dar fisionomia àquilo que qualificamos de "europeu". Empregamos esse adjetivo para designar populações ou evoluções culturais que se situaram, ou ainda se situam, fora das fronteiras da Europa. Mas nós a empregamos apenas para evocar realidades que encontraram sua fonte no interior do espaço europeu. A Europa como lugar precede, portanto, a Europa como conteúdo.

Um exemplo poderá me ajudar a aclarar essa distinção. Fala-se de "ciências europeias" (Husserl), ou da "técnica europeia" ou ainda da "metafísica ocidental" (Heidegger) — e também aqui se quer dizer "europeia". As realidades culturais que designamos com isso não se limitam ao espaço europeu, nem pela origem nem pela ulterior expansão. A ciência em geral nasceu fora da Europa: na China, de fato. E, na verdade, o que a própria Europa assimilou de matemática e de filosofia foi primeiro grego e depois árabe. A física matematizada, em contrapartida, surgiu na Europa com a revolução ligada ao nome de Galileu. Assim como, na sequência, a técnica e o maquinário industrial. O mesmo para a democracia, surgida na Grécia. Mas foi apenas no interior do espaço europeu que ela progressivamente retirou a restrição que a limitava a uma pequena elite de cidadãos, com exclusão dos escravos e das mulheres. Podemos dizer a mesma coisa do Iluminismo, ao menos na sua forma moderna. Nada impede de reconhecer aqui esta evidência: esses fenômenos são tipicamente europeus, ou pelo menos foi com a face deles que a Europa se manifestou e continua se manifestando ao resto do mundo, de modo liberatório ou inoportuno.

Em todo caso, os fenômenos acerca dos quais acabamos de falar nasceram dentro de um espaço que já existia e que, portanto, eles não criaram. Ademais, podemos nos perguntar se a emergência deles não está ligada por um vínculo mais que acidental àquilo que definiu a Europa separando-a de seus "outros". Por isso, precisamos primeiramente saber o que é a Europa, e neste caso, onde está a Europa, antes de poder fazer o balanço da sua história.

Assim, podemos reformular a clássica questão da identidade. Perguntamo-nos comumente: quem somos? E respondemos: gregos, romanos, judeus ou cristãos. Ou, em certo sentido, um pouco de tudo isso. Todas essas respostas podem ser dadas e nenhuma é falsa. Proponho-me aqui apenas a introduzir um pouco de ordem. Segundo qual princípio de classificação? O mais adequado, numa primeira abordagem, é sem dúvida indagar: o que possuímos como próprio? Certamente não a humanidade em geral no que a caracteriza: o Oriente dito "bárbaro" e o

Ocidente helenizado têm-na em comum. Nem tampouco o helenismo: o mundo muçulmano também é seu herdeiro. Nem o judaísmo, presente desde muito cedo para além das fronteiras do Mediterrâneo. Nem muito menos o cristianismo, também professado pelo Oriente cristão.

Há, no entanto, um fato tão historicamente consolidado que o invoco aqui apenas para recordá-lo: a cristandade não se concebeu a si mesma, e não foi sequer concebida por outras civilizações como grega ou judaica, mas como *romana*. Os próprios gregos, desde a época bizantina, se consideravam romanos e ainda hoje designam a língua que falam como românica. O mundo muçulmano chama os bizantinos, de língua grega ou siríaca, de "rumes" e o Império Otomano chamava "Rumélia" o que hoje conhecemos como a Turquia da Europa.

Quanto à Europa em sentido estrito, há uma característica que ela é provavelmente a única a possuir, a única a reivindicar, e que, seja como for, ninguém contesta. É a romanidade. Ou mais precisamente, a latinidade. A "romanidade" foi reivindicada por Bizâncio enquanto continuação do Império romano do Oriente, e "segunda Roma", depois por Moscou que também pretendeu o título de "terceira Roma". Ela também foi reivindicada pelo Império Otomano, já que o sultão de Istambul reivindicava, além do título de "sultão de Roma", a sucessão dos imperadores vencidos em Constantinopla. Mas à latinidade, ninguém além da Europa aspirou.

PLANO

O ensaio que segue se propõe a demonstrar que a Europa é essencialmente romana, demonstrando que podemos recapitular as alteridades pelas quais ela se define a partir da sua "latinidade". Nele tentarei mostrar como a Europa se distingue do que ela não é pelo caráter "latino" ou "romano" da sua relação com as fontes das quais bebe.

Mostrarei em primeiro lugar (capítulo II) como podemos caracterizar algo como a atitude romana em geral.

O capítulo III mostrará como a relação da Europa — enquanto cristandade — com o Antigo Testamento é uma relação "romana", e como ela se distingue neste plano do mundo muçulmano.

O capítulo IV mostrará como a relação da Europa — enquanto mundo latino — com as fontes gregas também é "romana", e desse modo como ela se distingue não apenas do islã mas também do mundo bizantino.

O capítulo V mostrará como a Europa estabelece com a sua própria identidade uma relação particular: sua característica é uma apropriação de algo que lhe é estrangeiro.

No capítulo VI, proporei algumas regras para uma relação salutar da Europa com a sua própria identidade.

Enfim, o capítulo VII tentará entender em que sentido a Igreja Católica merece o predicado de "romana", e como ela se distingue nesse plano não apenas do islã e de Bizâncio, mas também do mundo reformado.

CAPÍTULO II
A ROMANIDADE COMO MODELO

Costuma-se buscar o que é próprio à Europa. O que lhe é próprio deve individualizá-la em relação a tudo o que ela não é, reunindo assim tudo o que a compõe e distinguindo-a do que lhe é externo e está ausente de sua fórmula original. O que é próprio à Europa deve, portanto, constituir a sua unidade; é a aceitação comum desse próprio que deve permitir que a unidade europeia se funde. Porém, essa relação da Europa com o que lhe é próprio abriga em si um paradoxo.

UM PRÓPRIO DUPLO

Com efeito, quando nos interrogamos acerca do que é próprio à Europa, daquilo que esperamos que assegure sua unidade cultural, constatamos, não sem alguma ironia, que a questão da unidade recebe uma dupla resposta. O que faz a unidade da Europa não é a presença nela de um único elemento, mas de dois. Sua cultura leva a dois elementos irredutíveis entre si. Esses dois elementos são, de um lado, a tradição judaica, em seguida cristã, e de outro, a tradição do paganismo antigo. Para simbolizar cada uma dessas correntes com um substantivo próprio pode-se sugerir

Atenas e Jerusalém.[19] Essa oposição se funda naquela existente entre o judeu e o grego tirada de São Paulo.[20] Ela é formulada, em seguida, por Tertuliano no âmbito de uma polêmica contra a filosofia grega.[21] Depois, ela é laicizada e sistematizada, em época bastante recente, sob diversos nomes: "helênica e nazarena" em Heine,[22] "aticismo e judaísmo" em S.D. Luzzatto,[23] depois "hebraismo e helenismo" em Matthew Arnold.[24] Enfim, ela recebe as dimensões de um conflito entre duas visões de mundo num livro de Léon Chestov que a escolheu como título.[25]

Buscamos isolar o conteúdo próprio a cada um dos dois elementos. As respostas podem variar: pode-se opor Atenas a Jerusalém como a religião da beleza àquela da obediência, a estética à ética, ou ainda a razão à fé, a pesquisa autônoma à tradição, etc.[26] Em todos os casos, fizemos da diferença uma polaridade e buscamos a essência de cada um dos dois naquilo que opõe um mais radicalmente ao outro. A tensão torna-se, pois, um rasgo doloroso na unidade da cultura europeia. Nada, então, é mais tentador do que buscar reservar o lugar de ancestral legítimo de um

---

[19] Acerca desse tema, ver: R. Brague, "Athens, Jerusalem, Mecca. Leo Strauss's Muslim Understanding of the Classics", in: A. Udoff, *The Hermeneutics of Modern Jewish Thinkers*, Lynne Rienner, Boulder, tr. fr. Revue de Métaphysique et de Morale, 1989, 309–336.

[20] Romanos, 1, 16; 3, 9; 10, 12; 1 Coríntios 1, 24; 10, 32; 12, 13; Gálatas 3, 28; Colossenses 3, 11.

[21] Tertuliano, *De praescriptionibus ad haereticos*, cap. 7 (PL 3, 23a).

[22] H. Heine, Ludwig Börne. Eine Denkschrift (1837–1839), I, depois II, 8 — quarta "carta de Helgoland" (29 de julho de 1830)— in: *Ein deutsches Zerwürfnis*, ed. H.M. Enzenberger, F. Greno, Nördlingen, 1986, p. 128, 157 ss.

[23] S.D. Luzzatto, "Atticisme et judaïsme" (primeiro esboço em 18 de janeiro de 1838), publicado em *Otsar Nechmad*, IV (1863), p. 131 e ss.

[24] M. Arnold, *Culture and Anarchy* (1869), cap. 4.

[25] L. Chestov, *Athènes et Jérusalem. Un essai de philosophie religieuse*, Paris: Flammarion, 1967 (original russo escrito em 1937, publicado em 1952).

[26] Goethe, "Israel in der Wüste", início, in: *Noten und Abhandlungen zu besserem Verständnis des Westöstlichen Diwans*.

dos dois elementos, enquanto rejeitamos o outro pura e simplesmente como sendo apenas um adventício. Contudo, são os *dois* elementos que fazem viver a Europa, pelo próprio dinamismo que alimenta sua tensão. Essa ideia de um conflito fecundo, ou constitutivo, foi recentemente defendida, de modo notável, por Leo Strauss.[27]

O TERCEIRO TERMO: O ROMANO

Em todas essas tentativas, negligencia-se quase sempre um terceiro termo. Porém, esse terceiro termo é justamente aquele que me parece fornecer o melhor paradigma para pensar a relação da Europa com a sua peculiaridade. Trata-se da última das três línguas (e sabemos que as línguas são mais do que linguística) que recebeu um valor exemplar por ter designado, justamente na placa que Pilatos fixou à cruz, Aquele que nela pendia: o latim, ou melhor, como diz o evangelista, o "romano" (*João* 19, 20).

Proponho, pois, como tese: a Europa não é apenas grega, nem apenas hebraica, nem sequer greco-hebraica. Ela também é decididamente romana. "Atenas e Jerusalém", sem dúvida, mas também Roma.[28] Não quero indicar com isso, uma vez mais, a evidência banal da presença, ao lado de outras fontes da nossa cultura, de uma influência romana.[29] Tampouco quero sugerir que o elemento romano constituiria uma forma de síntese dos outros dois. Postulo, mais radicalmente, que *somente podemos ser "gregos" e "judeus" porque somos primeiramente "romanos"*.

---

[27] L. Strauss, "Jerusalem and Athens. Some preliminary reflections", in: *Studies in Platonic Political Philosophy*, Chicago U.P., 1983, pp. 147–173.

[28] M. Serres, *Rome. Le livre des fondations*, Grasset, 1983, pp. 65–69. O autor defende Roma contra o fascínio exclusivo por Atenas e Jerusalém numa meditação nem sempre límpida.

[29] Dispenso-me de fazer referências a muitos textos de segunda mão indicando aqui uma das tentativas mais bem sucedidas de definir o "espírito europeu": P. Valéry, "La crise de l'esprit", *Œuvres*, Pléiade, t. 1, pp. 988–1014, sobretudo p. 1007 e ss.

Ao propor aqui uma reflexão acerca do que a Europa tem de romano, estou consciente de me engajar num campo no qual interferem muitos afetos, positivos e negativos. Antes de propor um conceito determinado do que é romano e do que a Europa tem de romana, é importante tomar consciência desses afetos, os quais, caso contrário, correriam o risco de embaralhar esse novo conceito conduzindo-o a representações tristemente habituais. Eles estão carregados, positivamente ou negativamente, e suas interferências produzem uma turva ambivalência.

QUEM TEM MEDO DA GRANDE LOBA MÁ?

Negativamente, a imagem dos romanos é repugnante a toda uma sensibilidade moderna. Podemos identificar um vasto desgosto de contornos imprecisos, dos quais a oposição religiosa à Igreja Católica, então chamada de catolicismo *romano*, ou a oposição política ao centralismo papal, são apenas casos particulares. Os romanos da história se passam por pessoas de cabelos e ideias curtas: um povo de rurais, para não dizer de rústicos; um povo de soldados, para não dizer de mercenários. Ainda que lhes concedamos certo gênio político, nós os repreendemos pelo seu fruto: o imperialismo centralizador.

Daí uma série de tentativas de exorcizar esse ancestral incômodo. Na França, particularmente, assistimos ao espetáculo cômico da desvalorização dos romanos em relação aos gauleses, feita por um povo que fala uma língua herdada diretamente do latim. Conhecemos os diferentes roteiros dessa peça, do século XVI a Ernest Lavisse e aos álbuns de Asterix. Conhecemos também o contexto cultural no qual se formou essa representação: era preciso dar à recém-criada "nação francesa" ancestrais comuns e uma ideologia comum. Para os defensores da origem grega dos celtas, no século XVI, tratava-se de fazer face às pretensões do império dos Habsburgo, o qual se nomeava "romano".[30] Para os fundadores da Terceira República, era preciso retroceder à conversão de Clóvis e à população franca que, no entanto, deu seu nome à França. Dissociava-se, assim, o nascimento da nação do seu batismo. Escolher Vercingétorix, herói de uma suposta luta nacional contra os romanos, permitia aliás cutucar o ninho do catolicismo, face ao qual a República queria se afirmar.[31]

Essa atitude negativa é contrabalançada por uma visão valorativa dos romanos, em nome dos valores que estes supostamente representavam. A retórica da Revolução Francesa é cheia de cultura romana, e as artes da mesma época chegam a macaquear a arquitetura e o mobiliário romanos. Queriam, assim, inspirar-se na virtude cívica de um Brutus, do patriotismo de um Régulo. O Consulado, depois o Império (ambos os nomes reveladores!), aplicam uma grande injeção de símbolos romanos no exército ("legião", "águia", etc.), e de direito romano no Código Napoleônico. Exalta-se com isso a ordem, a família patriarcal, a pátria. O fascismo italiano, um século mais tarde, dispôs-se, com dedo em riste, a exaltar uma "romanidade" viril e conquistadora. É possível que a imagem dos romanos tenha sofrido ainda mais pelo que se transmitia com essas ações. André Suarès teve razão de forjar para esse mito um nome de doença, bastando mudar o sufixo: a "romanite".[32]

NENHUMA INVENÇÃO?

Ainda quando são superados os afetos mencionados, encontramos a mesma depreciação no plano mais sereno da especulação: os que fazem o paralelo entre o grego e o judeu, seja para opô-los ou para exaltá-los, têm uma

---

[30] Cf. B. Cerquiglini, *La naissance du français*, Paris: PUF, 1991, p. 11 e ss.

[31] Cf. C. Amalvi, *De l'art et la manière d'accommoder les héros de l'histoire de France. Essais de mythologie nationale*, Albin Michel, 1988, pp. 53–87.

[32] A. Suarès, *Vues sur l'Europe*, Grasset, 1991 (=1939), nº XXIII, p. 56.

clara tendência a negligenciar o romano. Os romanos nada inventaram: "Que origem tem, pois, a altura das visões morais de que se enaltecem os povos civilizados do mundo atual? Não foram eles mesmos que as produziram; eles são os afortunados herdeiros que especularam com a herança da Antiguidade e fizeram-na frutificar. São dois povos criadores os autores da nobre moralidade, que elevaram o homem e o fizeram sair do estado primitivo de barbárie e selvageria: o povo helênico e o povo israelita. Não há um terceiro. O povo latino criou e transmitiu tão somente a ordem estrita de uma sociedade policiada e uma arte da guerra desenvolvida; além disso, foi apenas no seu ocaso que ele prestou o serviço que prestam os insetos: transportar um pólen pré-existente até o solo fértil que já estava pronto para recebê-lo; mas criadores, fundadores de uma civilização superior, há apenas os gregos e os hebreus e ninguém mais".[33]

O que é romano, notemos, foi apenas raramente "hipostasiado" e agraciado com as honras da maiúscula para tornar-se "o Romano". Os filósofos refletiram pouco sobre a experiência romana. E quando o fizeram, foi de modo negativo. É o caso de Heidegger.[34] Também é o caso de Simone Weil, que, aliás, de modo muito interessante para a nossa proposta, faz um paralelo, para englobá-los na mesma reprovação, entre Roma e Israel, supostamente a encarnação do mesmo "grande animal". Como exceção brilhante, podemos citar apenas o caso de Hannah Arendt.[35] Na prática, não é raro que o movimento de redescoberta da Antiguidade clássica desde Winckelman

---

[33] H. Graetz, *Geschichte der Juden* [...], Introdução, t. I, Leipzig, 1874, p. XX.

[34] Cf. sobretudo os cursos acerca de Parmênides do semestre de inverno, 1942–1943 (GA 54). Para uma primeira orientação: E. Escoubas, "La question romaine, la question impériale. Autour du tournant", in: *Heidegger, Questions ouvertes*, Paris: Osiris, 1988, pp. 173–188.

[35] Algumas observações em B. Cassin, "Grecs et Romains: les paradigmes de l'Antiquité chez Hannah Arendt", in: *Ontologie et politique. Hannah Arendt*, Tierce, 1989, pp. 17–39, sobretudo pp. 22–26.

se afirme como um desejo de passar por cima do que é romano para chegar diretamente à fonte grega. E é compreensível, se os romanos são tão pouco interessantes quanto dizem...

Para defender os romanos, poderíamos fazer uma longa enumeração de suas contribuições à cultura europeia. Isso seria fastidioso e pouco original. Mais do que isso, conseguiríamos apenas apreender o conteúdo da cultura romana, ao qual daríamos uma especificidade. Há apenas um domínio da cultura que todos reconhecem ter sido criado e legado à posteridade pelos romanos: o direito. O fato é real, é de grande importância e basta registrá-lo. Mas, uma vez admitida a evidência, um paradoxo se repete: o direito é justamente o que regula as transações. Permitindo a circulação das riquezas, ele poupa o tempo que seria necessário para produzi-las cada um em seu canto e permite que o empreguemos na criação de novos bens. Veremos adiante como esse único "conteúdo" da romanidade tem por analogia um determinado modelo de relação com a cultura como transmissão de algo que é recebido.

Seja como for, os poucos conceitos jurídicos cuja paternidade reservamos aos romanos pareceriam logo muito diminutos e primitivos no confronto, de um lado, com a riqueza do grego, e de outro, com a forma desenvolvida que esses elementos adquiriram no decorrer da história europeia. Assim, quando tentamos apreender o conteúdo da experiência romana, chegamos apenas a uma transposição degenerada daquilo que é grego ou a um esboço ainda rudimentar daquilo que é medieval ou moderno. O romano, sob esse ponto de vista, parece ter chegado somente ao paradoxo de ser ao mesmo tempo decadente e primitivo.

O POVO DA PARTIDA

Tudo o que os juízes mais severos concedem à romanidade é o ter difundido as riquezas do helenismo fazendo-as chegar até nós. Mas, justamente, tudo muda se nos negamos a ver o conteúdo da experiência romana fora dessa própria transmissão. O pouco que se atribui de peculiar a Roma é talvez toda a Roma. A estrutura de transmissão de um conteúdo que não é o seu próprio é justamente o verdadeiro conteúdo. Os romanos nada fizeram senão transmitir, mas isso já é algo. Eles não trouxeram nada de novo em relação aos dois povos criadores, o grego e o hebreu. Mas essa novidade, eles a trouxeram.[36] Trouxeram a novidade em si. Trouxeram o que para eles era antigo e novo.

Porém, defendo que esse modo de trazer não é puramente acidental ou contingente, devido aos acasos da história. Para mim, ele é o centro da experiência romana. A difusão da herança grega e hebraica, portanto, encontrou um terreno particularmente fértil em Roma. Podemos tentar descrever essa experiência. Farei-o sem pretender objetividade, mas antes isolando alguns traços em função da minha proposta.

A experiência romana é primeiramente uma experiência do espaço. Nela o mundo é visto do ponto de vista do sujeito que, voltado para frente, esquece o que ficou para trás. Esse modo de ver se reflete no corte da realidade assumido pela língua. Assim, a mesma palavra *altus* significa tanto "alto" quanto "profundo": o que o idioma reteve foi a distância em relação ao falante, não a situação objetiva num espaço objetivamente orientado. O que chamamos *carrefour* (quatro rotas), o latim via como um *trivium* (três rotas); enquanto nós dominamos o espaço vendo nele quatro direções, o romano não vê de onde ele vem. Pode-se sustentar que o mesmo modo de ver apareceu na arte: enquanto o templo grego é feito para que giremos ao seu redor, o templo romano é uma estrutura encostada com um

---

[36] Retomo aqui uma intuição maravilhosamente formulada por Péguy. Cf. "L'argent suite", in: *Œuvres en prose*, 1909–1914, Pléiade, NRF, 1961, pp. 1216–1219.

fundo impenetrável. Enquanto a estátua grega é feita para que a observemos sob todos os ângulos, pois está instalada em repouso, a estátua romana está em movimento.[37]

No registro do tempo, a experiência romana traduz o mesmo avanço, o mesmo destacamento relativo à origem. Hegel notou-o bem, ainda que veja nisso um traço aviltante: "Desde o início, Roma foi algo de artificial, de violento, nada original" (*etwas Gemachtes, Gewaltsames, nichts Ursprüngliches*).[38] Contudo, essa situação é assumida muito explicitamente. Diferentemente dos gregos, que fazem do não dever nada a ninguém e do não ter qualquer mestre uma questão de honra, os romanos admitem de bom grado o que devem aos outros.[39] Diferentemente dos gregos, que reivindicam orgulhosamente uma suposta autoctonia,[40] os romanos ligam sua origem a uma não-autoctonia, a uma fundação, um transplante em novo solo.

A relação romana com a origem, e o que a distingue da postura grega em relação a esta, aparece de modo eloquente na comparação das duas palavras-chaves nas quais ela se exprime. Essas palavras são sem dúvida intraduzíveis, mas elas interessam porque fazem transparecer a divergência de sentido ainda com maior clareza, já que provêm de uma mesma imagem, a do crescimento dos vegetais: onde o grego diz *physis* (de *phyein*), o latim diz *auctoritas* (de *augere*). A *physis* grega (natureza) se refere ao que perdura, exprime a vinda ao ser como movimento contínuo[41]

---

[37] H. Kähler, "Traits essentiels de l'art romain", in: *Rome et son empire*, Albin Michel, 1963, pp. 5–31.

[38] Hegel, *Philosophie der Geschichte*, SW, t. 11, Glockner, p. 366.

[39] Cf. R. Harder, *Eigenart der Griechen. Eine kulturphysiognomische Skizze*, Herder, Friburgo, 1949, p. 36 ss.

[40] Cf. N. Loraux, "L'autochtonie: une topique athénienne", in: *Les enfants d'Athéna. Idées athéniennes sur la citoyenneté et la division des sexes*, Paris: Maspero, 1981, pp. 35–73.

[41] Cf. R. Brague, *Aristote et la question du monde. Essai sur le contexte cosmologique et anthropologique de l'ontologie*, Paris: PUF, 1988, p. 18 e ss.

de desdobramento a partir de uma origem e como instalação numa permanência (a raiz *phy-* é aquela do latim *fui*, do inglês *to be*). Inversamente, a *auctoritas* romana (autoridade) se refere ao fato de ser o autor, a iniciativa que transpõe o hiato que a invocação cria em relação ao antigo, garantindo ou retificando a ação de outrem.[42]

É essa relação com a origem como fundação que exprime o mito de Rômulo, o qual, justamente, funda algo que ainda não existia. Também foi ele que apreendeu e exprimiu o gênio de Virgílio explorando a lenda troiana e criando na Eneida o mito romano por excelência. Eneias parte de Tróia saqueada pelos gregos com seu pai e seus deuses domésticos e os transfere em terra latina. Ser romano é fazer a experiência do antigo como novo e como algo que se renova através da transplantação em solo novo, que faz do antigo o princípio dos novos desenvolvimentos. É romana a experiência do começo como recomeço.

Ela não se limita à Roma da história. Nada impede, na verdade, de relacionar-lhe o prolongamento medieval e renascente da lenda romana na reivindicação de uma origem troiana pelos europeus — e não apenas pelos franceses.[43] Ou, ainda, a versão renascente do tema, que aliás não é apenas europeu, da *translatio studiorum*: as ciências passando da Grécia a Roma, depois, como queiram, a Florença ou Paris[44]... Ou, enfim, a experiência americana que é "romana" enquanto se baseia numa transplantação e no desejo de instaurar um *novus ordo saeculorum*, desejo que testemunha a profunda legitimidade europeia dos Estados Unidos.

---

[42] Acerca dessa palavra, ver: R. Heinze, "Auctoritas", in: *Vom Geiste des Römertums. Ausgewählte Aufsätze*, Teubner, Stuttgart (3ª edição), 1960, pp. 43–58 e E. Benveniste, *Vocabulaire des Institutions indo-européennes*, t. 2, Minuit, Paris, 1969, p. 150.

[43] Cf. D. Hay, op. cit., p. 48 e ss., p. 108 e ss.

[44] Chrétien de Troyes, no prólogo do *Cligès* (1176), aplica esse esquema à cavalaria.

A ATITUDE ROMANA

Minha proposta aqui não é fazer história. E muito menos defender a realidade histórica do imperialismo romano — o qual, diga-se de passagem, certamente não foi nem o mais bobo nem o mais cruel que a história conheceu. Tomarei a liberdade de abstrair dos dados da história uma "atitude romana", a qual caracterizarei de modo geral como a atitude daquele que sabe ser chamado a renovar o antigo. Assim, negligenciarei, por exemplo, o chamado ritual dos oradores aos costumes dos ancestrais (*mos maiorum*). No entanto, apoio-me num núcleo factual, isto é, a helenização da cultura romana. Esta ocorreu progressivamente, praticamente desde o momento em que Roma esteve em contato com as cidades gregas da Itália do Sul ("Magna Grécia" e Sicília) e prosseguiu em ritmo acelerado com as guerras púnicas. Esse empréstimo cultural teve tanto por causa quanto por consequência certo sentimento de inferioridade dos romanos para com os gregos. Pouco importa que a inferioridade ressentida talvez não fosse justificada, já que os gregos da época não valiam muito mais que os seus contemporâneos romanos.[45] O importante é que um desnível tenha sido experimentado e manifestado, por exemplo, no reiterado verso em que Horácio diz que "a Grécia cativa cativou seu indomável vencedor e introduziu as artes no rústico Lácio".[46]

Nesse sentido, é romano quem quer que esteja consciente de estar preso entre algo como um "helenismo" e uma "barbárie". Ser romano, por um lado, é ter um classicismo a imitar e, por outro, uma barbárie a dominar. Não como se ele fosse um intermediário neutro, um simples preposto igualmente estrangeiro ao que comunica. Mas, sabendo que ele próprio é o palco no qual tudo acontece, consciente

---

[45] Cf. P. Grimal, *Le siècle des Scipions. Rome et l'hellénisme au temps des guerres Puniques*, Paris: Aubier, p. 13 e ss.

[46] Para recordar: *Epístolas*, II, 1, p. 156 e ss.

de estar dividido entre um classicismo a assimilar e uma barbárie interior. É reconhecer-se grego em relação ao que é bárbaro, mas também bárbaro em relação ao que é grego. É saber que aquilo que transmite não vem de si, que o possui apenas de modo frágil e provisório.

Esse complexo de inferioridade — ainda que se tente mascará-lo por meio de vários subterfúgios — virá à tona primeiramente no patamar do suporte universal da cultura, a linguagem. O latim nunca foi particularmente valorizado. Desde a Antiguidade, os romanos sempre estiveram mais ou menos cônscios de falar uma língua pobre relativamente à exuberância do grego.[47] É verdade que na Idade Média o latim teve o papel de instrumento de comunicação universal para as pessoas cultas. Como tal, ele se beneficiava de um prestígio social. Mas permanecia marcado por uma tripla inferioridade: a) ele não era a língua materna de ninguém, mas em todos os casos uma língua aprendida face à qual todos eram iguais;[48] b) ele não era uma língua especificamente cristã, e tampouco especificamente religiosa, mas a língua comum de uma entidade, não religiosa mas política, não cristã mas anterior ao cristianismo e mesmo inimiga deste por muito tempo, o Império Romano; c) ele não era a língua original da Escritura, mas da sua tradução (a Vulgata) feita a partir de um original hebraico ou grego. Na época moderna, o latim conservou por um bom tempo uma primazia na comunicação científica mas por razões puramente práticas.[49] O latim nunca foi considerado detentor de privilégios excepcionais, de

---

[47] Cf. Lucrécio, *De natura rerum*, I, 139. 832; III, 260; Cícero, *De finibus*, III, II, 5; Sêneca, a Lucilius, 58, 1; Plínio, o Jovem, *Epístolas*, IV, 18.

[48] Cf. L. Bieler, "Das Mittellatein als Sprachproblem", in: *Lexis* II, 1 (1949), pp. 98–105.

[49] Pascal, em pleno século XVII, interrompe ainda uma demonstração matemática iniciada em francês desta forma: "direi-vos em latim, pois o francês não vale nada" (Carta a Fermat de 29 de julho de 1654).

ordem metafísica — sendo, por exemplo, a língua absoluta.[50] Sempre se acreditou que a língua do primeiro Adão tenha sido o hebraico, não o latim.

E mais tarde, conquanto os termos nos quais ele se desenrola tenham mudado, encontramos o mesmo sentimento de desequilíbrio. Assim, as línguas vernaculares limitadas, a princípio, pelos gêneros literários menores, só puderam desenvolver uma grande literatura valorizando seus títulos de legitimidade em relação ao latim.[51] Dentre as línguas da Europa moderna, ainda será preciso reivindicar, séculos mais tarde, a dignidade do alemão em relação ao francês, depois das línguas eslavas em relação ao alemão, etc. Se elas a alcançaram, é porque as línguas face às quais era preciso se afirmar, e em primeiro lugar o latim, não tinham elas próprias o prestígio de serem a língua por excelência da cultura: elas o eram apenas como substitutas do grego, cuja dignidade do passado não fora esquecida. Também aqui a Europa deve a diversificação linguística que permitiu seu florescimento à presença de uma pluralidade original na sua fonte. Em contrapartida, onde o grego permaneceu sozinho na disputa, como foi o caso no mundo bizantino, as línguas vernaculares — mesmo o grego popular — chegaram muito tardiamente à dignidade de línguas literárias.[52] Paradoxalmente, o grego popular só conheceu uma forma escrita em data mais recente que as diversas línguas eslavas, cujos falantes, no entanto, entraram no espaço da cristandade muito depois dos gregos.

---

[50] A ideia segundo a qual o latim teria tido para a Idade Média um valor absoluto se encontra em E.R. Curtius, *Europäische Literatur und lateinisches Mittelalter*, Berna: Francke, 1948, p. 33. Citado ainda por: K.O. Apel, *Die Idee der Sprache in der humanistischen Tradition von Dante bis Vico*, Bonn: Bouvier, 1975 (2ª ed.), p. 91. Ela vem, na verdade, de um contrassenso a propósito de Isidoro de Sevilha, *Etimologias*, II, 16, 2. A passagem, aliás, foi omitida da segunda edição (1953).

[51] Dante, *De vulgari eloquentia*.

[52] Cf. H.-I. Marrou, *Décadence romaine ou Antiquité tardive?*, p. 134.

ENTRE "HELENISMO" E "BARBÁRIE"

Assim, o que chamo de atitude romana não é o próprio dos romanos tal como a história nos apresenta. É também, e em primeiro lugar, o fato dos próprios gregos. Estes, ao menos os mais importantes, consideravam-se antigos bárbaros. A diferença entre grego e bárbaro não é de natureza, mas puramente de cronologia: "O mundo grego antigo vivia de maneira análoga ao mundo bárbaro atual".[53] Os gregos são como herdeiros que tomaram seu patrimônio em outro lugar, até mesmo de seus deuses.[54] É, talvez, o sentimento de certa falta de originalidade, em todos os sentidos do termo, que os impulsionava a se precipitar sobre tudo o que fosse novo,[55] dando assim à vida grega o seu ritmo desenfreado: "Incrivelmente rápido foi o curso da vida da Grécia".[56] No entanto, os gregos se distinguem do que chamo aqui de romanidade num ponto capital: a ausência de um sentimento de inferioridade em relação às fontes. Com efeito, o que foi recebido foi transformado e para melhor: "tudo o que os gregos recebem dos bárbaros, eles sempre acabam aperfeiçoando".[57] Em todo caso, a mesma dinâmica anima a história europeia. Podemos caracterizá-la a partir da atitude "romana". Esta é a consciência de ter, abaixo de si, uma barbárie a dominar. Parece-me que é essa diferença de potencial entre a faceta clássica e a faceta bárbara que faz a Europa avançar.

A aventura colonial da Europa, desde as grandes descobertas, na África, por exemplo, sempre foi ressentida como uma repetição da colonização romana. Toda uma

---

[53] Cf. Tucídides, I, 6, 6. Ver também: Platão, *Crátilo* 397c 9–d2 e 421d 4 e ss., bem como as implicações de Aristóteles, *Política*, II, 8, 126b 40.

[54] Heródoto, II, 53.

[55] Cf. *Atos dos Apóstolos*, 17, 21 e Jâmblico, *Des mystères d'Égypte*, VII, 5, pp. 259, 9–14.

[56] Cf. Schelling, *Philosophie der Mythologie*, 16ª lição, p. 380.

[57] Platão, *Epinomis*, 987d 8–c 2; Orígenes, *Contra Celso*, I, 2 (SC 132, p. 82).

historiografia francesa estabelece um paralelo entre a colonização do Magreb por Roma e pela França justificando esta por meio daquela. Os colonizadores se identificam desse modo com os conquistadores: "Nós [...] retomamos, aperfeiçoando-a, a obra dos romanos".[58] De modo talvez mais penetrante, há quem tenha levado o paralelo ainda mais longe para comparar a colonização europeia da África com a conquista romana da Europa.[59]

Podemos indagar se o vínculo não é ainda mais profundo e se o desejo deliberado de identificação com o imperialismo antigo não seria ele mesmo explicado por um desígnio oculto de superá-lo. A colonização, e o humanismo europeu desde o Renascimento italiano — dois eventos que na escala da história das civilizações são contemporâneos — não estariam ligados por relações de compensação? Poderíamos nos arriscar dizendo que o ardor conquistador da Europa teve por muito tempo, dentre suas alçadas secretas, o desejo de compensar, pela dominação de povos tidos por inferiores, o sentimento de inferioridade em relação à Antiguidade Clássica que o humanismo viria ao mesmo tempo reacender. Podemos desconfiar de algo como um equilíbrio entre a preponderância dos estudos clássicos e a colonização: os estudantes colegiais cheios de latim e de grego fornecerão excelentes quadros ao Império.[60] Em contrapartida, o fim do papel dominante reservado aos estudos clássicos no pós-guerra é contemporâneo à descolonização.

---

[58] E. Masqueray, *Formation des cités chez les populations sédentaires de l'Algérie: Kabyles du Djurdjura, Chaouïa de l'Aouras, Beni Mezâb* (Tese de Humanidades, Paris, 1886), reeditada com introdução de F. Colonna, Archives maghrébines, Édisud, 1983, p. 13 (F.M.).

[59] O paralelo é muito claro no início de *O Coração das Trevas*, de Joseph Conrad.

[60] Cf. R. Kipling, *Stalky et compagnie*.

CAPÍTULO III
A ROMANIDADE RELIGIOSA: A EUROPA E O JUDAÍSMO

A situação de secundariedade em relação à cultura antecedente, como acabamos de ver, constitui o que chamei de "romanidade". Aliás, essa atitude também pode ser bem ilustrada por textos gregos. Ela é, no seu conjunto, anterior ao cristianismo. Logo, ela marcava o mundo mediterrâneo independentemente dele. Nesse contexto, qual será o papel do cristianismo? Parece-me que a cristandade e a Europa lhe devem não a existência mas a persistência da secundariedade cultural. Com efeito, se a atitude que chamo de "romana" não é o apanágio dos romanos, há outro fato ainda mais notável: ela tampouco é o apanágio da vertente "pagã" ou antiga da cultura europeia. Ela é resolutamente o produto de sua outra vertente, a qual, para evitar as confusões que o termo não deixa de fomentar, não chamarei de "judaico-cristã" mas de "judaico E cristã".

Digo, portanto: *o "grego" e o "judeu", enquanto intervêm como dois componentes fundamentais da Europa, são ambos "romanos"*. Mais precisamente: é porque a Europa acolhe os dois, "grego" e "judeu", de um ponto de vista "romano", que eles podem permanecer sendo eles mesmos e produzindo a plenitude de seus efeitos. Examinarei sucessivamente esses dois componentes: o "judeu" no presente capítulo, o "grego" no subsequente.

OS DOIS SENTIDOS DE "JUDAÍSMO"

Convém, portanto, questionar a relação da Europa com a sua dimensão judaica. Começo aqui dissipando um possível mal-entendido a partir de uma precisão. O adjetivo "judeu" tem, na verdade, dois sentidos que não devemos confundir. Distinguimos, assim, um sentido amplo e um sentido estrito de "judeu":

a) De fato, ele pode significar, em sentido amplo, o conjunto da experiência do povo de Israel, desde suas origens longínquas até hoje. Os eventos fundadores dessa história foram selecionados e consignados nos escritos que os judeus chamam Lei, Profetas e Escritos (*TaNaKh*) e os cristãos, *Antigo Testamento*. Ela se estende através das épocas de redação da *Mishná*, em seguida da *Guemará*, passando pela Idade Média, até a emancipação e a época contemporânea.

b) Mas o adjetivo também possui um sentido estrito. Ele designa, então, o judaísmo que se constituiu depois da destruição do Templo em 70, e da fixação do cânone das Escrituras cerca de trinta anos mais tarde, em Yavne. Em relação a este, a Igreja cristã encontra-se mais numa relação de fraternidade, de gemeidade se quisermos,[61] do que de descendência. Desde o início, o Novo Testamento ilustra bem essa relação através de uma série de parábolas colocando em cena dois filhos, um primogênito e um caçula, sendo a mais célebre, é claro, aquela comumente conhecida sob o nome de "filho pródigo" (*Lucas* 15, 11-32). Esses dois filhos são frequentemente interpretados como representações, um de Israel, primeiro objeto da Aliança divina, o outro das nações pagãs, chamadas mais tarde

---

[61] A. Paul, *Le judaïsme ancien et la Bible*, Paris: Desclée, 1987, fala de "falsos gêmeos".

a fazer parte dela. Do lado judeu, encontramos constantemente a comparação (pouco lisonjeadora) dos cristãos com Esaú, irmão inimigo de Jacó.

Será igualmente necessário distinguir o judaísmo e os judeus. Nem todo judeu age como judeu. Assim como nem todo cristão age sempre como cristão, ou os muçulmanos como muçulmanos. Prefiro aqui reservar os adjetivos aos que os reivindicaram e nos limites das suas reivindicações. Desse modo, evitaremos certas anexações forçadas *post mortem*, que aliás variam segundo as preferências do intérprete. Certamente podemos qualificar uma cultura, uma educação, uma impregnação cultural, uma "sensibilidade", de judaicas ou cristãs, ou ainda de católicas ou protestantes, etc. Nesse sentido, nada impede de considerar Espinosa um judeu. Mas nesse caso teremos de considerar Voltaire um católico e Razi um muçulmano. E, de outra parte, será necessário hipostasiar uma filiação, embora renegada pelos que serão assim reconhecidos, e fazer dela uma "judeidade" que poderá ser aplicada a quem quer que seja, inclusive a contragosto...

A EUROPA NA HISTÓRIA JUDAICA

A experiência judaica em sentido estrito não é o apanágio da Europa, nem sequer da cristandade. De fato, a história judaica se desenrolou no âmbito da história europeia e bizantina, mas igualmente no mundo muçulmano — e mesmo para além dele, até o Malabar e a China. Remeto aos historiadores, e sobretudo aos historiadores judeus, o juízo que convém fazer sobre essa história, e sobre a questão do que a Europa ofereceu ao judaísmo, tanto de positivo quanto de negativo. O percurso europeu do judaísmo é uma das etapas da história judaica posterior ao exílio, à dispersão e à destruição do segundo Templo. Ele representa justamente uma das etapas mais negativas quanto ao nível de submissão às nações. Na verdade, a única experiência de uma nação convertida ao judaísmo situa-se fora do âmbito mediterrâneo islamizado ou cristianizado. Trata-se do Império Cazar, nos arredores da Crimeia, entre os séculos VII e XI, cuja elite, aliás, converteu-se a um judaísmo sem dúvida bastante superficial.[62] E o caso, excepcional, no qual os judeus assumiram o papel de perseguidores e os cristãos de perseguidos ocorre um século antes do islã, pois se trata do reino de Dhu Nuwâs, no Iêmen do século VI.[63] No resto do mundo, o judaísmo será, segundo o título da obra-prima da apologética de Yehuda Halevi, o *Kuzari*, a "religião desprezada".[64]

Essa situação de humilhação vale para toda a história medieval, em toda a bacia do Mediterrâneo. Podemos comparar as duas margens, muçulmana e cristã, do ponto de vista da história judaica. E a comparação não beneficia a cristandade. Na Idade Média, o norte do Mediterrâneo será durante muito tempo, por parte do sul, objeto do desprezo profundo que os civilizados ressentem pelos bárbaros, e os judeus não são exceções nesse campo: encontramos nos escritos de Maimônides declarações sobre a impureza das cidades do país dos "Francos" cuja familiaridade com os atuais clichês sobre o mundo mediterrâneo nos fazem sorrir.[65] O diagnóstico desfavorável se confirma quando comparamos, já não o nível cultural, mas a situação das comunidades judaicas. No conjunto, e negligenciando exceções como as perseguições do califa fatímida al-Hakim, no Egito, ou os Almôades, na Espanha, as comunidades judaicas foram, de fato, melhor tratadas

---

[62] Cf. D.M. Dunlop, *The History of the Jewish Khazars*, Princeton U.P., 1954, XV.

[63] Cf. *Encyclopaedia Judaica*, S.V. Yûsuf As'ar Ya'thar Dhu Nuwâs (H.Z. Hirschberg), t. 16, col. 897–900 e J. Ryckmans, *La persécution des chrétiens himyarites au sixième siècle*, Istambul, Nederlands historischarchaeologisch instituut in het nabije oosten, 1956.

[64] Ver também Saadia Gaon, *Les croyances et les convictions*, III, 10, ed. Qafîh, Jerusalém/Nova Iorque, 1970, p. 148.

[65] *Guia dos perplexos*, III, 48.

no mundo muçulmano do que no mundo cristão.⁶⁶ A Europa moderna foi o cenário do maior massacre de judeus da história. Saber se o antissemitismo moderno ("científico", pois fundado numa pseudoteoria biológica), e na sua esteira a tentativa nazista de exterminação do povo judeu, estão em continuidade ou em ruptura com o antijudaísmo cristão (religioso), ainda é uma questão discutida pelos historiadores.

Quanto ao antijudaísmo cristão, ele próprio varia. A controvérsia dos Padres da Igreja contra a Sinagoga (por exemplo, São João Crisóstomo) permaneceu o mais das vezes verbal. Mas ela preparava medidas jurídicas: a legislação que vedava aos judeus a propriedade fundiária e o exercício de certas profissões remonta à Idade Média. De modo mais abrangente, ela fomentou uma desconfiança contra os judeus que levou a explosões de violência, dessa vez totalmente física.

Assim, a história judaica, tanto no Oriente quanto no Ocidente, tomou um rumo particularmente trágico. A Europa Central, dividida entre ortodoxos e católicos latinos e uniatas, será o palco de grandes massacres no momento da revolta dos Cossacos em 1648, e de *pogrons* esporádicos até o início do nosso século. No Ocidente, as perseguições propriamente ditas (massacres, conversões forçadas, acusações de "crime ritual", etc.) não começaram antes das Cruzadas, mas prosseguiram até a expulsão da Espanha (1492).

É, em parte, por causa da hostilidade do meio que a história judaica, na época contemporânea, tende a se dissociar da história europeia. Os centros de gravidade da população judaica se situam, na verdade, cada vez menos dentro do espaço europeu. Os judeus deixam a Europa:

---

⁶⁶ Cf. síntese de L. Poliakov, "Musulmans, Juifs et Marranes", in: *Les Juifs et notre histoire*, Paris: Flammarion, 1973, p. 34–75. No mesmo sentido, a síntese mais ampla de B. Lewis, *Juifs en terre d'islam*, Paris: Flammarion, 1989.

a partir do século XIX, rumo à América, e no nosso século também rumo a Israel. Esse fluxo é apenas parcialmente compensado pelo retorno à França dos judeus da África do Norte que se tornou independente. E a tendência corre o risco de se generalizar em todo o Velho Continente com o êxodo dos judeus soviéticos. Seja como for, podemos nos perguntar se o ciclo europeu da história judaica não estaria a ponto de se encerrar...

A CONTRIBUIÇÃO JUDAICA À EUROPA

Inversamente, os judeus, enquanto indivíduos, ofereceram sua contribuição às duas áreas culturais, tanto ao sul quanto ao norte do Mediterrâneo, e em múltiplos domínios, da economia à religião, passando pela política e pelas ciências. Quanto à Europa medieval, um fato teve um papel capital na transmissão à cristandade latina da herança intelectual do mundo antigo, traduzida e comentada por pensadores muçulmanos: os deslocamentos em direção ao norte dos centros intelectuais do mundo judeu sefardita, da Andaluzia à Provença, ocorrido a partir do século XIII. A perseguição aos Almôades impulsionou vários intelectuais de alto escalão (em particular os ancestrais das famílias Qinchi e Ibn Tibbon) a se refugiar na Provença cristã. Ali eles traduziram para o hebraico os textos de pensadores de língua árabe, judeus ou muçulmanos, que reputavam os principais.[67] Alguns só foram conservados graças a essa tradução. Assim, por exemplo, Temístio, cujos comentários ao *Tratado do Céu* e ao livro Lambda da *Metafísica*, ambos escritos em grego, sobreviveram integralmente somente numa tradução em hebraico feita a partir de um original árabe perdido integralmente ou existente apenas

---

[67] Acerca disso, o guia indispensável permanece: M. Steinschneider, *Die hebräischen Übersetzungen des Mittelalters und die Juden als Dolmetscher*, Graz, 1956 (Berlim, 1893), XXXIV.

em fragmentos.⁶⁸ Do mesmo modo, quase todos os textos de Averróis existem em forma manuscrita em hebraico, ao passo que mais de um texto árabe se perdeu, como seu comentário à *República* de Platão.

Uma segunda etapa de tradução se fez para o latim. Mesmo onde não havia um intermediário hebraico, era possível que a tradução fosse realizada por equipes nas quais um judeu tinha o papel principal: era ele quem fazia, a partir do árabe, uma tradução em língua vernacular, ditada a um clérigo cristão que a passava ao latim.⁶⁹ Essas equipes funcionaram nos séculos XII e XIII em Toledo, em seguida em Nápoles no século XIII. Por isso, a Europa moderna tem uma dívida considerável para com os tradutores judeus. Com efeito, esse movimento de tradução coincidiu com a decolagem intelectual europeia ligada à fundação das universidades, decolagem que os judeus perceberam tão bem quanto os demais⁷⁰ e para a qual contribuíram em larga medida. Mas podemos questionar se essa contribuição à cultura europeia concerne o judaísmo enquanto tal.

Podemos fazer uma pergunta semelhante quanto ao mundo moderno. Sem dúvida, é possível sustentar, com bons argumentos, que a experiência judaica é decisiva para a cultura europeia dos dois últimos séculos. Mas, nesse

---

⁶⁸ Os leitores hão de me perdoar por esses detalhes, se souberem que preparo uma tradução dos segundos comentários.

⁶⁹ Acerca disso tudo, é preciso homenagear os trabalhos de M.-T. d'Alverny, falecida recentemente (1991). Em particular, "Les traductions à deux interprètes d'arabe en langue vernaculaire et de langue vernaculaire en latin", in: *Traductions et traducteurs au Moyen Âge*, Actes du colloque international du CNRS, IRHT, 1989, pp. 193–201.

⁷⁰ Cf. Samuel Ibn Tibbon, *Maamar Yiqqawu hammaïm*, p. 175, ed. de Presburg, 1837 e mais tarde Crescas, *Or ha-Shem*, IV, 10 (ed. de Ferrare, p. 256, 8s.) e I. Abravanel, *Commentaire sur Josué* 10, 12 (Torah weDa'ath, Jerusalém, 1976, p. 53 a). A mesma observação em Ibn Khaldoun, *Muqaddima*, VI, 18, ed. Quatremère, III, 93; tradução inglesa F. Rosenthal, Bollingen Series, Princeton U.P., 1958, t. 3, p. 117 e ss. Para Bizâncio, ver: F. Fuchs, "Die höheren Schulen von Konstantinopel im Mittelalter", *Byzantinisches Archiv*, 8 (Leipzig, 1926), p. 667 e ss.

caso, não basta citar nomes como Marx, Freud, Einstein, Kafka e tantos outros. É preciso ainda estabelecer em que medida esses pensadores, e em primeiro lugar os autores de *A questão judaica* e de *Moisés e o monoteísmo*, são representantes fiéis do judaísmo, e em que medida sua inegável contribuição à cultura europeia representa, de fato, um contributo do judaísmo enquanto tal. Seria necessário poder isolar uma essência do judaísmo. A operação é delicada para toda religião; e com maior razão para o judaísmo que não tem "dogmas" propriamente ditos. Nessa ordem de ideias, poderemos, por exemplo, tentar demonstrar que a ideia de lei, ainda que extraída do seu contexto religioso de origem — a Aliança — e formulada por pensadores perfeitamente ateus, continua a representar um denominador comum aos pensadores judeus.[71]

No entanto, qualquer que seja a resposta escolhida a essas questões, a influência do judaísmo enquanto tal sobre a cultura europeia só pode se exercer em data bastante tardia. As comunidades judaicas foram por muito tempo descartadas de toda participação no poder político que ultrapassasse o papel particular de alguns de seus membros. Para que o judaísmo pudesse se fazer ouvir publicamente, saindo do caráter confidencial que impunha às suas produções escritas o uso exclusivo do hebraico, foi preciso esperar a emancipação. Esta ocorreu no século XVIII, primeiro nos países germânicos (Áustria e Prússia), depois prosseguiu no rastro da Revolução Francesa. Nessa época, a Europa já era uma realidade cultural e estava consciente de sua unidade nesse plano. Desse modo, o judaísmo pôde deixar sua marca, e uma marca decisiva, numa Europa já constituída, mas ele contribuiu muito pouco para fazer a Europa.

Na verdade, antes da época moderna podemos apenas notar algumas exceções de detalhe, todas situadas nas esferas intelectuais. Por exemplo, podemos indicar a

---

[71] H.U. von Balthasar, *L'engagement de Dieu*, Paris: Desclée, 1990, pp. 95–103.

influência dos exegetas judeus na exegese cristã: Orígenes ou São Jerônimo utilizaram as competências dos rabinos de seu tempo, e os monges de São Vítor, o comentário de Rachi. Também Lutero, embora conhecido por panfletos cujo antijudaísmo ia muito além do admitido pela época,[72] escolheu muitas vezes na sua tradução da Bíblia as interpretações de David Kimhi.[73] Também notaremos o papel capital do *Guia dos Perplexos* de Maimônides na formação da grande escolástica, particularmente em São Tomás de Aquino, autor aliás de um *De regimine Judaeorum*.[74] À parte esses diálogos entre intelectuais, o único caso de uma influência de alguma envergadura e de caráter popular é representado pela Espanha, que não deixa de ser uma exceção.[75] Portanto, todos esses fenômenos permanecem um tanto quanto marginais.

O CONTRIBUTO DA ANTIGA ISRAEL

Em contrapartida, a experiência bíblica, aquela do Antigo Testamento, claramente contribui em grande medida para fazer da Europa o que ela é. Dado que essa influência foi exercida antes de tudo por intermédio do cristianismo, é por esse viés que a considerarei. No entanto, uma observação: a recepção do Antigo Testamento pelo cristianismo foi muito diferente daquela realizada pelo judaísmo. Este recapitulou a experiência da Antiga Aliança sob a direção da Torá. O cristianismo, porém, conservou elementos que o judaísmo deixara de lado ou reservara para os tempos messiânicos:

---

[72] Acerca dos traços regressivos da obra de Lutero, ver: K. Flesch, *Das philosophische Denken des Mittelalters von Augustin zu Machiavelli*, Stuttgart: Reclam, 1987, pp. 587–589.

[73] Cf. síntese de G. Dahan, *Les intellectuels chrétiens et les Juifs au Moyen Âge*, Paris: Cerf, 1990, pp. 289–307.

[74] Além dos trabalhos de W. Kluxen, ver: A. Wohlman, *Thomas d'Aquin et Maïmonide. Un dialogue exemplaire*, Paris: Cerf, 1988.

[75] A. Castro, *España en su historia. Cristianos, moros y judios*, Barcelona: Critica, 1984 (1ª ed. 1948), cap. X, pp. 447–555.

a dimensão sacrificial da Aliança, que perdeu sua pertinência para o judaísmo depois da destruição do segundo Templo, sobreviveu nos sacramentos cristãos. A realeza davídica, que desapareceu com a passagem de Israel à dominação estrangeira, ressurgiu na missão sacerdotal dos imperadores cristãos e dos reis do Ocidente. A profecia desapareceu, e o judaísmo estava ciente desse desaparecimento, explicado de diversos modos, como pela perda da terra de Israel; ela continua no papel dos santos, em particular naquele dos fundadores das ordens. É preciso interpretar essas analogias como a sobrevivência de traços arcaicos? Ou como o salvamento da integralidade da Revelação ao preço de sua reinterpretação "espiritual"?

Como nos casos da Grécia e de Roma, tampouco farei o inventário detalhado do que a Europa herdou da antiga Israel. Nesse caso, seria preciso distinguir vários estilos de recepção, conforme estejamos diante dos mundos católico, ortodoxo ou protestante. O modo de presença da Bíblia não é o mesmo em cada um dos três campos, nem tampouco a ênfase posta em suas duas metades. Por isso, também aqui me prenderei menos ao conteúdo transmitido do que à própria forma de transmissão, ou ao que a tornou possível.

Com efeito, se quiséssemos nos concentrar no conteúdo, a lista das influências culturais do Antigo Testamento sobre a Europa seria, em certo sentido, muito rapidamente traçada. E ela o foi muitas vezes. Mas ela comporta entradas tão gigantescas que eu não a poderia reproduzir sem retomar minuciosamente o conjunto da tradição europeia, o que neste momento está fora de questão. Por exemplo, a ideia da supremacia do homem sobre o resto da criação, particularmente os animais, supostamente criados para ele. Ou ainda, a de que a relação do homem com Deus se realiza antes de tudo na prática moral, vinda à Europa com os profetas da Antiga Aliança. Ou, enfim, a ideia de um porvir histórico que comporta um sentido: a ideia de uma temporalidade radicalmente não-cíclica, dotada de um começo absoluto (a Criação), e talvez de um fim, é evidentemente de origem bíblica.

Acerca disso, notaremos, além da imagem muito negativa que a Roma da história legou a Israel, um paralelo entre essa representação linear do tempo e a experiência romana da temporalidade. Já destacamos que Eneias, o herói romano por excelência, conquanto seja diametralmente oposto a Ulisses, que acaba encontrando seu lar, é talvez o melhor paralelo pagão de Abraão deixando sua terra, sua pátria e a casa de seu pai.[76] Do mesmo modo, podemos comparar a fundação de Roma e a não-autoctonia dos hebreus que sabem muito bem que, uma vez em Canaã, viverão em casas que não construíram e colherão frutos de árvores que não plantaram.[77]

O CARÁTER SECUNDÁRIO DO CRISTIANISMO

Se a antiga Israel tem assim traços "romanos", o que será do cristianismo? Para começar, podemos nos contentar em relembrar algumas evidências. Elas valerão para a Igreja anterior ao cisma entre Oriente e Ocidente, em seguida a Reforma, e para a Igreja Católica que chamamos de "romana". Há nessa denominação, todos admitem, mais de uma contingência histórica ou geográfica. Que a Igreja seja herdeira do Império Romano é uma grande evidência, ainda que vejamos nisso um sinal de aprovação ou reprovação. Mas aqui não me concentrarei no que, a partir do conteúdo da Roma da história, pôde passar para a Igreja tanto para o bem quanto para o mal. Considerarei apenas a forma de atitude romana que não depende da manutenção deste ou daquele conteúdo, podendo assim sobreviver a ele.

---

[76] Cf. Th. Haecker, *Vergil, Vater des Abendlandes*, Munique, 1952, pp. 109–112.

[77] Cf. *Josué* 24, 13 e *Deuteronômio* 6, 10. Para o contexto, ver: R. Brague, "L'expérience biblique du monde et l'idée de création", in: *Création et salut*, Bruxelas, 1989, pp. 105–120.

Proponho, portanto, a tese de que *essa estrutura "romana" é a própria estrutura do fato cristão*. Os cristãos são essencialmente "romanos" porque têm seus "gregos" aos quais estão ligados por um vínculo indissolúvel. *Nossos gregos são os judeus*. Para dizê-lo menos precipitadamente: o cristianismo é para a Antiga Aliança o que os romanos são para os gregos. Os cristãos sabem — ainda que continuamente corram o risco de esquecê-lo, já o tendo feito várias vezes — que estão enxertados no povo judeu e na sua experiência de Deus. A Aliança, por assim dizer, é conatural ao povo judeu, pois ela o constitui enquanto tal: separar-se totalmente da Aliança seria deixar de fazer parte do povo. Em contrapartida, a Aliança é para os cristãos algo que deve ser aprendido. Nesse sentido, a existência dos cristãos na aliança é "contranatural". É o que São Paulo não hesita em dizer: os cristãos foram enxertados no povo judeu "contra a natureza" [*para physin*] (*Romanos* 11, 24). É a razão pela qual os modelos de relação com a verdade são distintos: o modelo judeu é a sabedoria por meio da qual um dom original chega ao seu florescimento; o modelo cristão é a cultura, a implantação de algo que uma natureza primitiva não recebeu no início.

A Igreja é "romana" porque repete em relação a Israel a operação realizada pelos romanos com o helenismo. Essa estrutura da Igreja é o que torna necessária a persistência do povo judeu e impede qualquer tentativa de considerar aquilo que ele porta como relegado a um passado remoto. Também é essa estrutura que a faz recapitular o que então aparecia como "antigo" a partir do que ela professa como seu princípio. A Igreja é "romana" porque foi fundada, e porque foi fundada no Cristo que confessa como a própria novidade. Num texto célebre, Santo Irineu ousa dizer que Cristo não trouxe nada de novo, mas trouxe tudo como novo.[78] Ele não traz nada de novo na medida em que não vem acrescentar alguma coisa ao que precedia; ele

---

[78] Irineu de Lyon, *Contra as heresias*, IV, 34, 1 (SC 100**, p. 846).

traz tudo como novo na medida em que é o princípio de tudo, "o princípio que vos fala", como diz a Vulgata num contrassenso genial de *João* 8, 25.

A RELAÇÃO COM O ANTIGO TESTAMENTO

A relação com a experiência da Antiga Aliança passa necessariamente pela relação com os escritos que conservam os momentos reputados decisivos na sua movimentada história. Esses textos formam o que costumamos chamar de "Antigo Testamento". Essa terminologia, como se sabe, é de origem cristã. Também é cristão o hábito de associar dois grupos de textos num único livro, o Livro, a Bíblia. Ambos são determinados um pelo outro até em seus nomes. A Nova Aliança e o Novo Testamento que a registra se situam de tal modo em relação à Antiga Aliança e ao Antigo Testamento que tiram daí o seu nome. O adjetivo "antigo" que qualifica a aliança e os textos que a documentam não significa "gasto" ou "ultrapassado". Ele remete a uma prioridade cronológica e lógica.

É assim, em primeiro lugar, porque o Antigo Testamento da Bíblia cristã coincide essencialmente com os escritos reconhecidos como canônicos pelo judaísmo. Tudo o que os judeus admitem também é admitido pelos cristãos. Os cristãos acrescentam, como se sabe, certo número de textos: os dois livros dos *Macabeus*, a *Sirácida* (*Eclesiástico*), *Tobias, Judite*, a *Sabedoria, Baruque*. Todos têm raízes nos judaísmos palestino, babilônico ou alexandrino. Alguns existiram em hebraico (*Sirácida*) ou aramaico (1 *Macabeus*). A admissão de alguns foi discutida pelos rabinos. Não parece que a sua exclusão, do lado judeu, tenha sido motivada pelo desejo de fazer face ao cristianismo. Tampouco parece que tenha havido no seu acréscimo, do lado cristão, um desejo de se distinguir de um cânone judeu já estabelecido. Este não estava fixado. Parece que ambos os cânones se constituíram paralelamente, cristalizados por um mesmo magma de dois modos independentes, mas no fundo muito próximos.

Em seguida, a presença dos textos num mesmo *corpus* dotado de autoridade mostra que os dois conjuntos estão postos no mesmo plano. Essa situação não é evidente. Na verdade, a relação do cristianismo com a Antiga Aliança é fonte de tensão constante, e mesmo de ruptura, ou ao menos de conflito. Seria muito mais fácil supô-la pura e simplesmente gasta e substituída pela Nova. Essa solução radical foi defendida pela primeira vez no século II por Marcião: ele propunha abandonar os escritos do Antigo Testamento, que supostamente refletia apenas um Deus de cólera, em prol do Novo Testamento, aliás expurgado, obra de um Deus de amor. Marcião tirava disso as consequências, na exegese, da separação feita pelos gnósticos entre um criador mau, de nível inferior, e um Deus supremo, bom, exterior ao mundo e do qual Jesus teria sido o mensageiro. A tentação do marcionismo será uma constante na Igreja. Nós a encontramos no catarismo, se é que ainda o podemos considerar cristão, e até em certas tendências marginais do protestantismo liberal, como em Harnack: "Rejeitar o Antigo Testamento no século II era um erro que a grande Igreja justamente rejeitou; conservá-lo no século XVI foi um destino do qual a Reforma ainda não tinha forças para se eximir; mas desde o século XIX, conservá-lo no Protestantismo como documento canônico é a consequência de um enfraquecimento da religião e da Igreja".[79] Além disso, podemos detectar sua influência até mesmo em certas sensibilidades contemporâneas.[80]

---

[79] A. von Harnack, *Marcion: das Evangelium vom fremden Gott. Eine Monographie zur Grundlegung der katholischen Kirche*, Leipzig: Hinrichs, 1921, p. 248 e ss. Harnack indica Tolstói e Gorki como ressurgimentos contemporâneos do marcionismo.

[80] E. Bloch, em *Geist der Utopie* (1918), reivindica explicitamente Marcião. M. Buber viu o perigo do marcionismo para o judaísmo em "Esprit d'Israël et monde d'aujourd'hui" (1939), in: *Judaïsme*, Verdier, Lagrasse, 1982, p. 153 e ss. Para um diagnóstico do marcionismo aplicado a outros fenômenos culturais, ver: A. Besançon, *La confusion des langues. La crise idéologique de l'Église*, Calmann-Lévy, 1978, sobretudo cap. VI, "Gnose, idéologie, marcionisme", pp. 133–163.

Mas essa tentação sempre foi exorcizada em última instância. Desde o início, a Igreja conferiu o estatuto de direito cívico às palavras de Cristo segundo as quais não se tratava de abolir a lei antiga, mas de levá-la à perfeição (*Mateus* 5, 17), às palavras de São Paulo para quem as promessas de Deus para com Israel são sem remorso (*Romanos* 11, 29), às palavras de São João que faz Cristo dizer que "a salvação vem dos judeus" (*João* 4, 22). Mais tarde, os Padres da Igreja afastaram a mesma tentação, em particular Justino, Tertuliano e Irineu de Lyon. Tertuliano insiste no versículo de Mateus que acabamos de citar, eliminado por Marcião na sua versão do Novo Testamento.[81] Irineu exprime o essencial numa fórmula concisa: "A lei de Moisés tanto quanto a graça da Nova Aliança, ambas adaptadas ao seu tempo, foram concedidas por um único e mesmo Deus em benefício do gênero humano".[82] "Há apenas um único e mesmo Deus [...] que anunciou a Lei e os profetas e que Cristo reconheceu como Pai".[83]

Tal posição era mais acrobática do que a que consistia em declarar seja que a antiga revelação estava pura e simplesmente caducada, seja que o seu conteúdo essencial não estava mais protegido do que na nova — de tal modo que a antiga surgia como uma concha vazia a descartar. Essa atitude foi mantida, heroicamente, pois a interpretação do Antigo Testamento pode ser delicada, ou constrangedora para a Igreja. De fato, o Antigo Testamento não remete com clareza ao Novo; e as palavras de Cristo sobre a missão dirigidas primeiramente a Israel (*Mateus* 15, 24) correm o risco de colocar em dúvida a legitimidade da missão junto aos pagãos sobre a qual repousa a Igreja. Ao contrário, do lado judeu, seria tentador buscar empurrar o cristianismo para o lado do marcionismo, a fim de evitar um parentesco

---

[81] Cf. Tertuliano, *Adversus Marcionem*, ed. e trad. E. Evans, Clarendon Press, Oxford, 1972, IV, 7, p. 278.

[82] Irineu de Lyon, *Contra as heresias*, III, 12, 11 (SC 34, p. 240).

[83] Ibid., IV, 5, 1 (SC 100**, p. 424).

que foi perigoso e que permanecia comprometedor. É o motivo pelo qual é preciso saudar a coragem, semelhante à dos Padres, com a qual alguns judeus dissuadem a Igreja a se separar da Antiga Aliança e de tudo o que ela representa, como é o caso de Franz Rosenzweig.[84]

O ISLÃ E OS LIVROS ANTERIORES

A comparação com o islã aqui é muito instrutiva. Este se coloca na continuidade da tradição judaica, e depois cristã. Como se sabe, o Alcorão elenca inúmeras figuras da Antiga Aliança, como, por exemplo, Adão, Noé, Abraão, José, Moisés e alguns profetas como Jonas. Do Novo Testamento, ele cita o maior de todos os profetas (com exceção de Maomé), isto é, Jesus, qualificado de "Messias" e do qual se diz que nasceu de uma virgem. Não temos dificuldade em identificar em certos detalhes mais ou menos maravilhosos traços emprestados das tradições orais judaicas ou dos apócrifos cristãos. No Alcorão, em todo caso, esses personagens são privados da economia da salvação que lhes dá sentido para os judeus e para os cristãos. Assim, falando apenas do Novo Testamento, Jesus é chamado "Messias", mas sem ligação com a ideia messiânica judaica como realização da história de Israel. Maria é dita virgem, mas sem que o nascimento miraculoso de Jesus signifique, rompendo a continuidade das gerações, a entrada num novo modo de historicidade. E Jesus é apresentado sem a morte na cruz e a ressureição que constituem, por assim dizer, todo seu interesse...

De maneira geral, o islã, sobretudo sunita, não conhece a noção de "história da salvação".[85] Todos os

---

[84] Cf. *Der Stern der Erlösung*, III, 3, Suhrkamp, Frankfurt, 1990, p. 461.

[85] Cf. as páginas esclarecedoras de A. Falaturi, ele próprio muçulmano (xiita), in: "Das Fehlen einer Heilsgeschichte im Islam", *Miscellanea Medievalia*, 11: Die Mächte des Guten und Bösen (1977), pp. 72-80.

mensageiros de Deus, tanto na Antiga Aliança quanto fora dela — como os profetas enviados aos povos desaparecidos — pregam apenas uma mensagem, a qual aparece na sua pureza definitiva com Maomé. Sua série de retratos forma uma tipologia que se repete: advertência, rejeição do profeta, punição do povo culpado. Encontramos a ideia de aliança de Deus com seu povo apenas de modo marginal, e ela nunca é tão clara como quando se situa antes da história, na pré-eternidade.[86] Em nenhum caso se cogita que Deus possa se comprometer com a aventura humana.[87]

Isso ocorre porque o islã não aceita as Escrituras que situam os personagens bíblicos numa economia da salvação. Sem dúvida, ele reverencia o que chama de "Torá". Reverencia o que chama de "Evangelho" — no singular. O profeta do islã diz explicitamente "confirmar" a prédica dos profetas anteriores. Ele entende com isso não os textos, mas a mensagem autêntica que estes contiveram. E essa mensagem, segundo o islã, não é a que podemos ler nos textos que possuímos do Pentateuco e dos quatro Evangelhos. Na verdade, existe no islã toda uma tradição que acusa judeus e cristãos de terem alterado o texto das Escrituras que lhes foram confiadas.[88] Os teólogos não estão exatamente de acordo com a natureza do fenômeno: para alguns, os textos foram simplesmente mal interpretados; mas a teoria dominante é a de que eles foram conscientemente modificados.

Em seguida, encontram-se as autoridades que proíbem o estudo de qualquer outro texto revelado além do Alcorão.

---

[86] Cf. *Alcorão*, VII, 172.

[87] Análise muito fina em: R. Arnaldez, *Trois messagers pour un seul Dieu*, Paris: Albin Michel, 1991 (2ª ed.), cap. 1, em particular pp. 19–26.

[88] Cf. *The First Encyclopaedia of Islam, s.v. tahrîf*, t. VII, col. 618b-619b (Fr. Buhl). Como é frequente, o primeiro autor a ter discutido o tema foi: I. Goldziher, "Über muhammedanische Polemik gegen Ahl al-Kitâb", in: *Gesammelte Schriften*, Olms, Hildesheim, 1968, t. 2, pp. 1–47.

Apoiam-se, é claro, em declarações do Profeta. Este teria dito, sobretudo ao futuro califa Omar, encontrado com uma folha do Pentateuco, que o Alcorão bastava.[89] Essa atitude tem uma consequência que a história permite atestar: os textos do Antigo e do Novo Testamento são lidos no mundo islâmico somente de modo excepcional. Os exemplos de consulta direta às fontes judaicas ou cristãs, como Ibn Qutayba, permanecem excepcionais.[90] Mesmo Algazali, que tem a honestidade de querer se basear nos Evangelhos para criticar os cristãos, cita-os sem dúvida a partir das fontes muçulmanas.[91]

Todos esses usos se situam no interior de tentativas fundamentalmente críticas. Trata-se tanto de demonstrar que as comunidades religiosas que reivindicam um texto não o entendem verdadeiramente — no que o islã se aproxima da polêmica cristã contra o judaísmo — quanto de demonstrar que os textos foram corrompidos, trazendo à luz as contradições, ou absurdos, que eles contêm. O mais notável talvez seja o espanhol Abzeme (994-1064). Ele inaugura métodos de crítica bíblica que serão encontrados, ainda que a influência seja dificilmente demonstrável, nos autores do Iluminismo. Em todo caso, ele lança aos textos do Antigo e do Novo Testamento um olhar quase voltairiano.[92] É notável que ele se surpreenda com a aceitação cristã do Antigo Testamento.

---

[89] Ibn Khaldoun, *Muqaddima*, VI, 9 (R, t. 2, p. 438).

[90] Cf. G. Lecomte, "Les citations de l'Ancien et du Nouveau Testament dans l'œuvre d'Ibn Qutayba", *Arabica*, 1958, pp. 34–46.

[91] Cf. Algazali, *Réfutation excellente de la divinité de Jésus Christ d'après les Évangiles*, texto editado, traduzido e anotado por R. Chidiac s.j., Leroux, 1939, p. 32.

[92] As passagens do Fisâl são acessíveis em espanhol, numa tradução ligeiramente "cristianizada", em: M. Asín Palacios, *Abenhazam de Cordoba y su historia crítica de las ideas religiosas*, Madrid, Revista de archivos, bibliotecas y museos, t.2 (1928), p. 238–392 e t. 3 (1929), p. 9–118. Cf. R. Arnaldez, *Grammaire et théologie chez Ibn Hazm de Cordoue*, Paris: Vrin, 1956, p. 309 e ss.

O CRISTIANISMO E OS TEXTOS DA ANTIGA ALIANÇA

Se a acusação de se basear em textos corrompidos, logo inutilizáveis, permanece o pano de fundo da atitude muçulmana para com as religiões bíblicas, uma acusação desse gênero é muito excepcional por parte dos cristãos em relação aos judeus. A presença de uma base escriturária comum é reconhecida pelas duas partes, mesmo na polêmica mais viva. Os cristãos sabem que podem se basear no Antigo Testamento para argumentar com os judeus: "Alguns, como os maometanos (*Mahumetistae*) e os pagãos, não entram em acordo conosco acerca de uma escritura pela qual poderiam ser convencidos, como podemos discutir com os judeus a partir do Antigo Testamento".[93] É o que os judeus reconhecem de sua parte. Nesse sentido, Maimônides: "Os incircuncisos (ou seja, os cristãos) estão convencidos de que o texto da Torá é o mesmo".[94] Por esse motivo, se de fato há uma dura controvérsia entre a Igreja e a Sinagoga, ela se refere à interpretação a ser dada ao Antigo Testamento, e não à sua autenticidade.[95] Já houve textos judeus posteriores a Cristo — ao menos quanto à sua redação definitiva — como o Talmud ou os textos da Cabala, que foram por parte dos cristãos objeto de uma tentativa de interpretação alegórica que supostamente via neles o anúncio de Jesus. Em contrapartida, o islã, ao que parece, nunca se interessou pelo Talmud.

---

[93] São Tomás de Aquino, *Suma Contra os Gentios*, I, 2.

[94] *Responsum* n° 149, em *Teshuboth ha-Rambam* [...], ed. Y. Blau, Meqitsey Nirdamim, Jerusalém, 1958, t. 1, p. 285. Devo essa referência, e principalmente a menção a duas exceções nas quais os cristãos aplicam aos judeus a acusação muçulmana de falsificação das Escrituras, a S. Stroumsa, "Jewish Polemics against Islam and Christianity in Light of the Judaeo-Arabic Texts", in: N. Golb (ed.), *Proceedings of the First International Conference on Judaeo-Arabic*, Chicago, março de 1984.

[95] Exceções: as discussões acerca do cânone em Dahan, op. cit., p. 444 e ss., e um texto: "*regnavit a ligno Deus*", que o *Vexilla Regis* atribui a David (por exemplo, Salmo 96, 10).

A diferença entre o cristianismo e o islã é talvez anterior ao próprio nascimento deste, que ela ajuda a explicar. Entre as causas do sucesso da prédica de Maomé, há de fato o complexo de inferioridade dos árabes em relação aos judeus: diferentemente destes, eles não têm um Livro santo. É a recusa de considerar-se desprovido de livro, portanto um "ignorante", é o desejo de sair da "ignorância" (*jâhiliyya*) que faz aguardar um profeta árabe, um querigma (Alcorão) árabe, e que o faz ser acolhido quando se apresenta.[96] O cristianismo, por outro lado, sobretudo na sua versão paulina, que se tornou ortodoxa, e não no judeu-cristianismo que pelo menos nesse aspecto talvez tenha preparado o terreno para o islã nascente,[97] supõe a aceitação do complexo de inferioridade em relação ao judaísmo, verdadeira circuncisão de coração.

Portanto, é preciso evitar uma analogia implícita entre o que chamamos, aliás de modo muito superficial, os "três monoteísmos". O islã não é para o cristianismo (ou ainda, para o cristianismo e para o judaísmo) o que o cristianismo é para o judaísmo. Sem dúvida, nos dois casos, a religião-mãe rejeita a legitimidade da religião-filha. E, nos dois casos, a religião-filha se voltou contra a religião-mãe. Mas, no plano dos princípios, a atitude para com a religião-mãe não é a mesma. Enquanto o islã rejeita a autenticidade dos documentos nos quais se fundam o judaísmo e o cristianismo, este, no pior dos casos, reconhece ao menos que os judeus são os guardiões fiéis de um texto que ele considera tão sagrado quanto o seu próprio. Desse modo, a relação secundária relativamente a uma religião precedente existe entre o cristianismo e o judaísmo, e apenas entre eles.

---

[96] M. Rodinson, *Mahomet*, Paris: Seuil, 1974 (3ª ed.), p. 126 e ss.
[97] Cf. S. Pines, "Jahiliyya and 'ilm", *Jerusalem Studies in Arabic and Islam*, 13 (1990), pp. 175–194.

CAPÍTULO IV
A ROMANIDADE CULTURAL: A EUROPA E O HELENISMO

A meu ver, a relação da Europa com as suas fontes é essencialmente "romana". Demonstrei-o no que concerne a nossa fonte judaica. Agora é preciso tentar a mesma demonstração para a fonte grega. Veremos como essa atitude "romana" está presente até mesmo nos aspectos mais humildes, mais materiais, da transmissão da herança antiga. Tratarei principalmente do exemplo da transmissão dos textos filosóficos.

Não podemos conhecer diretamente o mundo antigo, como em geral todo o passado, mas apenas por traços. Podem ser vestígios, como os edifícios. Tratam-se, no mais das vezes, de textos escritos. A esses textos, parece que temos um acesso direto. Basta lê-los. Por certo, esse "basta" não significa que isso será fácil. Ao contrário, sabemos bem que é necessária uma bateria de preparativos: aprender a língua, preparar a compreensão familiarizando-se com o contexto do mundo que viu nascerem os textos, aprender a lê-los como desejavam ser lidos — por exemplo, aceitando provisoriamente as convenções do gênero literário ao qual pertencem. No entanto, apesar de todas essas precauções, eis o fato: temos esses textos, podemos dispor deles.

É preciso aprender a ver, por trás desse objeto manifestamente presente, todo um invisível que o precede e que de certo modo é o seu âmago. Trata-se da própria transmissão deles, nas suas diversas modalidades: recopiar, traduzir, adaptar.[98] Cada uma dessas modalidades será ilustrada sucessivamente por um dos três mundos: grego, árabe, romano.

OS GREGOS: RECOPIAR

As obras literárias da Antiguidade que conservamos resultam de um trabalho de seleção. Os canais que os transmitiram a nós funcionaram também como filtros, que não deixam passar qualquer coisa. E essa filtragem se operou desde a Antiguidade. É preciso, portanto, dissipar um modo de ver que creio equivocado, fomentado pelo fato de que nomeamos "os" gregos, "os" romanos. Somos tentados a compreendê-los como duas entidades, dois grupos simples e homogêneos. Contudo, é preciso estar consciente de que cada um desses grupos comporta uma espessura. E, às vezes, ela é considerável.

É necessário habituar-se a ter sob os olhos uma cronologia da história do mundo. Lembro-me da perplexidade dos meus alunos no meu primeiro curso de história da filosofia, na Universidade de Dijon. Eu lhes desenhava um quadro cronológico com escala de dez ou vinte centímetros para um século. Ali víamos o espaço enorme ocupado pelos gregos. Quando a filosofia começou? Ela emerge progressivamente, pois já há muito pensamento, por exemplo, em Hesíodo. Coloquemos Tales, o número um da coletânea dos pré-socráticos, por volta do início do século VI antes da nossa era. Quando a filosofia grega terminou? De fato, ela terminou? O ensino filosófico não se interrompeu

---

[98] Deixo de lado aqui os dados das "ciências auxiliares", cf. a excelente obra coletiva: *Die Textüberlieferung der antiken Literatur und der Bibel*, dtv, Munique, 1975.

em Bizâncio. Para maior comodidade, admitamos que ela tenha tido um fim provisório com o fechamento da Escola de Atenas em 529 e com seu último mestre Damáscio, na época dos últimos comentadores neoplatônicos de Aristóteles, Simplício, que permaneceu pagão, e João Filopono, convertido ao cristianismo. Portanto, se considerarmos que a filosofia grega se estende de Tales a Damáscio, constatamos que ela cobre, *grosso modo*, um período de doze séculos. É a distância que nos separa de Carlos Magno.

Por isso, dizer "os gregos" já é um pouco forçado. Poderíamos imaginar como uma unidade uma "filosofia alemã" que fosse de Mestre Eckhart, no século XIII, a Heidegger ou Wittgenstein? Isso seria simplificar abusivamente, quando a distância no tempo é mais ou menos a metade daquela que cobre a filosofia grega.

No entanto, durante esse período de mais de um milênio começou a transmissão da herança grega. Começou entre os gregos. Os primeiros intermediários entre os gregos e nós são... os próprios gregos. Essa transmissão ocorreu e, sobretudo, nem sempre ocorreu. A herança grega nem sempre foi transmitida pelos próprios gregos. Por quê? Porque os textos não eram, para os antigos, a mesma coisa que são para nós.

A DIFICULDADE DE CONSERVAR

Isso se devia em parte ao modo de transmissão. A Antiguidade ainda não tinha entrado na "galáxia Gutenberg", cara a McLuhan. Isso significa que um texto só era transmitido à posteridade se fosse recopiado. Para nós, uma vez que um texto é impresso, ele está mais ou menos a salvo: é difundido em numerosos exemplares, e preservado em bibliotecas. Para conservá-lo, basta justamente conservá-lo. Basta uma decisão puramente negativa: não o descartar, não o destruir. Conhecemos os problemas que começam a se apresentar aos bibliotecários modernos: os papéis ácidos demais que utilizamos em nossos dias prometem aos impressos um desaparecimento mais rápido do que ocorria com os antigos suportes da escrita. Qualquer que seja a solução que encontremos a esse problema, sua própria existência testemunha um fato: o ideal da nossa relação com a escrita é um livro que se conservaria sozinho.

A conservação das obras não é para nós um trabalho; ela era, antes da imprensa, o fruto de uma decisão consciente e de um esforço constante. Deixamos os textos dormirem nas bibliotecas; os antigos tinham de guardá-los debaixo do braço. De fato, apenas excepcionalmente um texto recebia um suporte material durável como a pedra. O caso de Diógenes de Enoanda é célebre. Esse asiático do século II da nossa era mandou gravar na parede de uma sala um resumo da filosofia epicurista à qual ele aderia. Uma vez destruído o edifício, as pedras foram reutilizadas, tão bem que os eruditos devem reconstituir o quebra-cabeça.

Para a imensa maioria dos textos, era necessário confiá-los ao papiro ou mais tarde ao pergaminho, suportes bastante frágeis. Portanto, para conservar uma obra era preciso decidir recopiá-la uma vez que seu suporte material se deteriorasse.[99] Esse era um trabalho fastidioso e custoso, diante do qual se hesitava. Só podia ser feito em pequeno número de exemplares, e não para qualquer obra. Isso explica um fato muito conhecido, isto é, que a literatura antiga chegou até nós apenas de modo muito fragmentário. A explicação, muitas vezes, são as destruições, voluntárias ou não. Essa lenda negra tem cenas que chocam a imaginação. Ainda mais porque não colocamos as destruições apenas na conta da estupidez dos bárbaros, como a dos Vândalos, cujo nome se tornou proverbial, mas também

---

[99] Belo exemplo em: Temístio, *Orationes*, IV, 59b-61d. Análise em: P. Lemerle, *Le premier humanisme byzantin. Notes et remarques sur enseignement et culture à Byzance des origines au Xe siècle*, Paris: PUF, 1971, p. 56.

numa vontade obscurantista — caso em que pensamos em primeiro lugar no incêndio da biblioteca de Alexandria.[100]

É verdade que queimar livros é uma prática muito antiga, pois os testemunhos mais antigos remontam à Atenas do século de Péricles e à Roma imperial.[101] Também é verdade que as diferentes famílias de pensamento não hesitavam diante da ideia de suprimir os escritos dos concorrentes. Isso vale tanto para as escolas filosóficas quanto para os grupos religiosos. Para os filósofos, pensemos em Platão que teria desejado que queimassem as obras de seu rival Demócrito.[102] Para as religiões, lembremo-nos, no cristianismo, das destruições sucessivas de obras heréticas no fim da Antiguidade ou os Talmudes queimados na Idade Média. Para o judaísmo, podemos tomar o exemplo da primeira polêmica de 1233 sobre as obras de Maimônides, e o modo como seus adversários obtiveram dos dominicanos a destruição delas pelo fogo. Para o islã, pensemos na tradição sunita (e não perfeitamente certa) a propósito da destruição dos exemplares do Alcorão anteriores à fixação do texto pelo califa Uthman, ou à da Enciclopédia, suspeita de ismaelismo pelos "Irmãos sinceros".[103]

Mas é preciso relativizar essa visão das coisas que é trágica ou romântica demais. A principal causa da perda da literatura antiga é negativa: não recopiar as obras.

---

[100] A lenda parece vir de Bar Hebraeus (Abulfaraj). Ela é contestada por Gibbon, *The History of the Decline and Fall of the Roman Empire*, LI, t. 5, Bury, pp. 452–455. Cf. P. Casanova, "L'incendie de la bibliothèque d'Alexandrie par les Arabes", in: *Académie des Inscriptions et Belles-Lettres*, Comptes rendus [...], 1923, p. 163–171. História análoga acerca de Omar, a propósito de livros de magia persas, em: Ibn Khaldoun, *Muqaddima*, VI, 18 (R, t. 3, 114).

[101] Protágoras, DK 80 A1 (Diógenes Laércio, IX, 52), 3, 4. Sobre Roma, ver: A. Momigliano, *Problème d'historiographie ancienne et moderne*, Paris: NRF, 1983, p. 65.

[102] Aristóxenes, fgt. 131 Wehrli x Diógenes Laércio, IX, 40; Marinos, *Vie de Proclus*, cap. 38.

[103] Outros exemplos em: F. Micheau, "Au Proche-Orient, les parfums du savoir", in: *La bibliothèque*, miroir de l'âme, miroir du monde, *Autrement*, n° 121, abril de 1991, p. 52 e ss.

E a falta de cópia não é sinal de uma vontade positiva de destruição. Ela pode indicar, de um lado, que certos textos são considerados desatualizados. E que ocupam inutilmente papiros e pergaminho, suportes raros e preciosos que alguns eram tentados a raspar para reutilizá-los. Os textos foram perdidos antes de mais nada porque pareciam já não refletir a verdade, tal como se acreditava possuir em determinado estágio da pesquisa. Assim, certas passagens desapareceram, não porque foram pura e simplesmente suprimidas, mas porque a obra na qual figuravam foi revista, adaptada ao novo estado do saber, e logo corrigida. É especialmente o caso dos manuais transmitindo um saber científico ou técnico. Tomemos o exemplo das obras de medicina. O historiador do saber médico gostaria de possuir a versão original do texto que ele estuda. Mas o manual que ele tem entre as mãos não foi escrito para os historiadores, e sim para os praticantes que, à cabeceira dos doentes, desejavam ter o guia mais seguro possível. E por que deixaríamos numa obra que tem essa função dados ultrapassados e suscetíveis de induzir em erro? Havia nesse caso menos desejo de destruir do que de corrigir.

Mesmo entre as destruições efetivas cuja lembrança nos foi transmitida muitas provêm menos da consciência de um perigo do que de uma perempção: se os Efésios queimam os seus livros de magia, é porque os milagres de São Paulo mostraram-lhes não a malícia mas a inutilidade deles (*Atos* 19, 19). E nesse ponto os antigos fazem, em certo sentido, exatamente a mesma coisa que nós em relação a uma determinada categoria de textos: pensemos nas obras escolares. Conservamos os manuais de física, quando o programa muda, ou as doutrinas de direito constitucional quando mudamos a Constituição? Reflitamos sobre o que significa o fato de um livreiro "não retomar" certos títulos...

A ausência de cópia de uma obra pode igualmente estar ligada não à obra em si mas ao leitor. Um texto só é recopiado para poder ser lido. Mas para isso é preciso encontrar leitores capazes de compreendê-lo. Assim, é possível que se substitua uma obra mais desenvolvida e aprofundada por simples resumos e compêndios, sem dúvida menos geniais, porém, mais didáticos, mais acessíveis — e menos caros a traduzir ou copiar, já que mais breves. Não é de espantar, por exemplo, que o mundo muçulmano tenha recuado diante da tradução dos dois longos diálogos políticos de Platão, ou do pouco claro Timeu, e tenha preferido a eles os resumos que fizera Galeno.

Qualquer que tenha sido a causa da não-reprodução, seu efeito foi definitivo. Podemos exumar autores esquecidos porque os possuímos sob forma impressa e temos apenas de tirá-los do esquecimento das bibliotecas onde repousam. Esse não era o caso no mundo antigo. Por isso, naquele tempo estava-se atento aos pensamentos que deixavam de atrair o interesse dos contemporâneos respondendo às suas necessidades intelectuais e espirituais. Eles desapareciam pura e simplesmente. Foi-nos transmitido tão somente aquilo que o transmissor julgava pertinente, interessante. Eventualmente o que ele estimava mais bem sucedido na produção de um autor. Podia ser também o que ele considerava suscetível de conter uma verdade, e quase sempre uma verdade comunicável num curso, isto é, num comentário.

A LUTA PELA SOBREVIVÊNCIA

Não temos tanto o sentido de "luta pela vida" que resultou na seleção das obras antigas. Para nós, uma obra pouco interessante está condenada à poeira, da qual uma futura geração poderá tirá-la um dia. Para os antigos, uma obra que deixa de interessar durante um período um pouco longo está condenada à morte, sem outro recurso além dos acasos extremamente improváveis de redescoberta de um papiro nas areias do Egito, ou nas faixas de uma múmia, ou enterrada nas cinzas de Pompéia, ou, enfim, miraculosamente decalcada sob o solo, como o excerto de um diálogo filosófico encontrado antigamente no Afeganistão, que talvez seja de Aristóteles.[104] Sem dúvida, podemos dizer: não possuímos tudo, mas pelo menos possuímos as obras-primas. Talvez, mas quem as selecionou? E segundo quais critérios? Uma coisa é constituir em privado uma "biblioteca ideal" quando se pode coletar numa biblioteca real; outra coisa é decidir qual obra sobreviverá e quais serão deixadas de lado. A questão não era saber, como no questionário mundano muito conhecido, "o que levaríamos para uma ilha deserta". Ela consistia, na verdade, para usar uma metáfora, em saber quem teria o direito de subir no barco... É o que dá um gosto um pouco amargo às antologias constituídas pelas críticas literárias antigas:[105] sua *krisis*, seu julgamento, era de vida ou morte.

Esse fato é palpável em alguns exemplos. Assim, se podemos falar de Parmênides, nós o devemos praticamente a um único homem: Simplício, que decidiu recopiar grandes trechos do poema do filósofo de Eleia no seu comentário à *Física* de Aristóteles. E ele o recopia, como diz numa passagem muito tocante, porque o livro era raro.[106] Sem ele, teríamos somente menos da metade do que possuímos atualmente do poema de Parmênides. Do mesmo modo, se podemos falar de Epicuro, nós o devemos a Diógenes Laércio, que teve a boa ideia de citar integralmente três "cartas" (na verdade, tratados) resumindo a doutrina. Mas outros pensadores tiveram menos sorte.

---

[104] Cf. Pierre Hadot e C. Rapin, "Les textes littéraires grecs de la trésorerie d'Aï Khanoum", *Bulletin de Correspondance Hellénique*, CXI (1987), pp. 225–266, sobretudo 232–249.

[105] Cf. a lista dos autores a serem lidos feita por Quintiliano, XI, 1, 37 e ss.

[106] Simplício, *In Aristotelis Physicorum libros [...] commentaria*, H. Diels (CAG IX, Berlim, 1882), pp. 144, 28.

Podemos tomar como exemplo o estoicismo. Como se sabe, não possuímos integralmente nenhuma obra datada do início dessa escola. Devemos contentar-nos com breves fragmentos que chegaram até nós indiretamente por citações. Além disso, sua proximidade com o original e a simpatia do citador, portanto seu esforço para compreender, são em razão inversa. Assim, Diógenes Laércio fala muito honestamente do sistema estoico, mas ele o faz através de um manual doxográfico bastante raso. Ao inverso, Plutarco cita textualmente alguns trechos de Cleantes ou de Crisipo; mas é apenas para mostrar, com o apoio dos textos, a que ponto o que eles dizem é absurdo. Por que isso ocorre? Porque o estoicismo deixou de existir como escola muito cedo. Isso parece ter ocorrido por volta de 260 da nossa era, com certo Kallietes, sobre o qual não se sabe quase nada, senão que ele teria sido o último escolarca. A filosofia estoica deixou de ser ensinada dentro de uma organização sólida. Consequentemente, não se teve mais a necessidade de textos a comentar ou de manuais. Cessada a demanda, cessou a reprodução.

O aristotelismo, por sua vez, teve mais sorte, graças ao contrassenso fecundo feito a partir dele pelo neoplatonismo que permaneceu sozinho no páreo no final da Antiguidade: este considerou que os escritos aristotélicos (o próprio Aristóteles e seus comentadores ainda não tingidos de neoplatonismo, como Alexandre de Afrodísias ou Temístio) tinham valor propedêutico em lógica e em física, como um degrau em direção a uma metafísica neoplatonizante.

Já o epicurismo e o estoicismo não puderam entrar na síntese neoplatônica. Assim, eles viram fecharem-se diante de si as portas da arca de Noé conceitual que os poderia salvar. Não sobreviveram obras propriamente estoicas, senão aquelas que tinham um valor moral. A moral, com efeito, sempre constituiu para a filosofia antiga o terreno de uma espécie de união sagrada que neutraliza as rivalidades técnicas entre escolas.[107] O mesmo vale para a Antiguidade tardia: no século I, o estoico Sêneca cita e comenta com elogio, nas suas Epístolas, as sentenças de Epicuro; no século VI, o neoplatônico Simplício escreve um comentário sobre o *Manual* de Epicteto,[108] etc.

Assim, o texto que temos em mãos, com pouquíssimas exceções, é o resultado de um trabalho de seleção operado pelas gerações passadas. Essa seleção se operou segundo critérios. E esses critérios eram, é claro, os da Antiguidade, não os nossos. E ainda menos alguns critérios atemporais que dedicaram o valor eterno de uma obra. Nosso conhecimento dos Antigos é, como todo conhecimento histórico, essencialmente mutilado.[109] Evitemos, portanto, de pensar que vemos a Antiguidade nas suas justas proporções. Nós vemos aquilo que gregos tardios decidiram preservar.

OS ÁRABES: TRADUZIR

Os gregos, os romanos e nós certamente. Mas há também os gregos, os romanos e os outros. Em particular, há esse mundo que a cristandade por muito tempo considerou seu "outro" por excelência, e ao qual nunca deixou de se explicar, isto é, o mundo muçulmano. A passagem pelo mundo árabe pode nos ajudar a tomar consciência de vários fatos interessantes, e a ver qual bizarrice se esconde por trás da evidência com a qual enxergamos nós mesmos.

Recordamos acima que o mundo muçulmano também é, à sua maneira, herdeiro da Antiguidade. E seu herdeiro completamente legítimo.[110] Nesse mundo, a transmissão da herança grega se operou na sequência de uma decisão

---

[107] R. Brague, *Aristote et la question du monde*, op. cit., p. 58.

[108] Simplício, comentário ao *Manual* de Epicteto, ed. Dübner, em *Theophrasti Characteres*, etc., Didot, 1877, 138p. — à espera da edição crítica de I. Hadot.

[109] P. Veyne, *Comment on écrit l'histoire*, Seuil, 1971, p. 24.

[110] Cf. *supra*, cap. I, p. 17.

deliberada, destinada a resolver um problema muito conscientemente percebido: os conquistadores muçulmanos, saídos da Arábia, e subindo em direção à Síria e à Mesopotâmia, encontraram-se num mundo que, por certo não sem traços provinciais, estava culturalmente helenizado. Havia ali uma riqueza de saber e de habilidade de que deveriam se apropriar.

Porém, há muitos modos de se apropriar do legado literário do passado. A tradução não é a única. Por exemplo, o mundo romano, antigo e medieval não concebeu sua apropriação da herança passada sob a forma de tradução, mas de outra maneira acerca da qual falarei.

O mundo cultural que concebeu e praticou sua relação com a Antiguidade principalmente como uma tradução foi o mundo muçulmano. Os grandes tradutores não foram os romanos da Antiguidade e da Idade Média, mas os árabes. Digo com precaução "árabe" e "mundo muçulmano", sem pretender identificar os dois adjetivos: nem todo muçulmano é árabe, nem todo árabe é muçulmano. Mas a tradução se fez sobretudo para a língua da cultura praticada por todos os muçulmanos, sejam árabes, persas ou turcos, e praticada também por todos os que vivem na esfera cultural muçulmana, sejam judeus ou cristãos, ou que pertençam à pequena seita pagã, mas tolerada em razão de um subterfúgio dos sabeus — cujas elites eram talvez herdeiras diretas dos últimos pagãos neoplatônicos.[111]

Essa tradução foi o resultado de uma política consciente, no mais alto nível. Falamos muito da política de tradução dos califas. Limito-me, portanto, ao essencial. Uma lenda está ligada a isso: a do sonho do califa Almamune vendo Aristóteles aparecer e responder às suas perguntas. Esse sonho teria motivado o califa a enviar em terra bizantina

---

[111] Cf. Michel Tardieu, "Sabiens coraniques et sabiens de Harran", *Journal Asiatique*, CCLXXIV (1986), pp. 1–44.

embaixadas encarregadas de se prover com manuscritos gregos.[112] Melhor atestada é a existência da célebre "Casa da Sabedoria", que a partir de 830 aproximadamente, mantém em Bagdá uma equipe de tradutores de carreira, pagos com fundos públicos.[113]

Quem são esses tradutores? Algumas personalidades emergem, como a dinastia Hunayn ibn Ishaq: o pai, o filho e o sobrinho.[114] Eles são sobretudo cristãos. Em todo caso, é tanto mais verdadeiro quanto mais se remonta no tempo. Por quê? Porque o cristianismo, em suas diversas variantes, era a religião comum no Oriente Médio, antes que o islã se instalasse. E porque já existia antes da conquista islâmica todo um movimento de tradução do grego em siríaco que bastava prolongar. Assim, os tradutores são os herdeiros de um saber grego, mas cristianizado nas escolas siríacas.

Esse vasto movimento de tradução durou apenas mais de um século, pois, tendo começado por volta de meados do século VIII, ele parece ter se encerrado desde o século X. O mundo árabe cessou de traduzir e só retomou essa prática sob o choque do confronto com a Europa moderna. Seria preciso perguntar por quais razões. Com certeza, e mesmo se o movimento parece ter parado mais cedo que o declínio (relativo) ou estagnação da civilização islâmica, essas razões não são independentes das causas mais gerais que o explicam. Elas são de diferentes ordens: econômica, política, ideológica (em particular jurídica), etc. E quanto a saber qual ou quais privilegiar, a questão permanece

---

[112] Cf. Ibn al-Nadîm, *Fihrist*, VII, 1 (tradução inglesa de B. Dodge, Columbia, 1970, vol. 2, p. 583) e Ibn Abi Oseibia, *'Uyûn al-anbâ' fî tabaqât al-atibbâ'*, s.v. Hunain ibn Ishaq, ed. Dar Maktabat al-Hayat, Beirute, s.d., p. 259.

[113] Nuanças em: M.-G. Balty-Guesdon, "Le Bayt al-hikmah de Baghdad", *Arabica*, 1992, XXXIX (1992), pp. 131–150.

[114] Cf. a síntese recente de M. Salama-Carr, *La traduction à l'époque abbasside. L'école de Hunayn Ibn Ishâq et son importance pour la traduction*, Paris: Didier, 1920.

aberta. Remeto, portanto, às obras dos historiadores.[115] Contento-me com a alusão, em seguida, a algumas razões de ordem intelectual que puderam contribuir para essa estagnação.

O CONTEÚDO TRANSMITIDO

A tradução se fez a partir do grego, mas não exclusivamente. Também aqui é preciso alargar a perspectiva a outros mundos além da antiguidade mediterrânea. Os árabes traduziram também do persa médio (*pálavi*) e das línguas da Índia. Em medicina, por exemplo. Mas também em outros campos, da espiritualidade à ioga.[116] Ibne Almocafa, o primeiro grande tradutor, ofereceu, com *Calila e Dimna*, uma versão em árabe que se tornou exemplar de uma compilação de contos persas, de origem indiana, tornando assim acessível uma obra-prima que inspirou os fabulistas do mundo inteiro, a começar por La Fontaine. Poderíamos deter-nos também na extraordinária transformação de *Barlãao e Josafá*, que partindo dos relatos sobre a vida de Buda transformou-se, de modo quase irreconhecível, num grande "sucesso de livraria" do mundo medieval.

Em função da sua situação geográfica central, o mundo muçulmano teve um papel de intérprete entre o Oriente e o Ocidente, tanto na esfera econômica quanto na esfera cultural. Poderíamos aplicar ao domínio da cultura a teoria de Maurice Lombard acerca da economia do islã: ele fez com que mundos separados se comunicassem, recolocando em circulação riquezas fossilizadas.[117]

---

[115] Além das obras gerais, uma primeira síntese em: R. Brunschvig e G.E. von Grunebaum (ed.), *Classicisme et déclin culturel dans l'histoire de l'islam*. Actes du symposium international d'histoire de la civilisation musulmane (Bordeaux, 25–29 de junho de 1956), Besson-Chantemerle, Paris, 1957, VII.

[116] Cf. S. Pines & T. Gelblum, "Al-Biruni's Arabic Version of Pantajali's Yoga-sutra [...]", *Bulletin of the School of Oriental and African Studies*, 29 (1966), 302–325, 40 (1977), 522–549, 46 (1983), 258–404, etc.

[117] M. Lombard, *L'islam dans sa première grandeur*, Paris: Flammarion, 1971.

Apesar disso, e para voltar ao núcleo do nosso tema, o esforço de tradução incidiu sobretudo num saber vindo do Oeste: se aparentemente um único texto latino foi traduzido em árabe, isto é, as *Histórias contra os pagãos* de Paulo Orósio,[118] a massa do que foi traduzido era de origem grega.[119] Nem sempre sobre *textos* gregos. Há, de fato, intermediários ainda mais invisíveis do que aqueles que citei: é o caso do mundo persa. Parece que alguns textos de origem grega, pouco numerosos, de natureza agronômica ou astronômica, passaram ao árabe a partir de traduções em persa médio.[120] No entanto, o intermediário mais importante é o mundo cultural siríaco.[121] A língua siríaca se tornara a língua da cultura e da comunicação do Oriente cristão. Muitas coisas já existiam nessa língua. E ela era a língua materna de um bom número de tradutores.

O que eles traduziam? Talvez porque seguiam os hábitos dos cristãos de língua siríaca,[122] pouquíssimo do que chamamos "literatura".[123] Alguns temas passaram do romance grego ao conto árabe,[124] mas em geral os árabes quase não traduziram história, poesia épica ou lírica.

---

[118] Cf. G. Levi Della Vida, "La traduzione araba delle storie di Orosio", *al-Andalûs*, 19 (1954), pp. 257–293.

[119] Também aqui o guia incontornável se deve a: M. Steinschneider, *Die arabischen Übersetzungen aus dem Griechischen*, Graz, 1960 (reedição de trabalhos publicados entre 1889 e 1896).

[120] Cf. C.A. Nallino, "Tracce di opere greche giunte agli Arabi per trafila pehlevica", *Raccolta di scritti editi e inediti*, vol. VI [...], Roma: Istituto per l'Oriente, 1948, pp. 285–303.

[121] Síntese recente de: G. Troupeau, "Le rôle des syriaques dans la transmission et l'exploitation du patrimoine philosophique et scientifique grec", *Arabica*, XXXVIII (1991), pp. 1–10.

[122] Cf. R. Paret, *Der Islam und das griechische Bildungsgut*, Mohr, Tübingen, 1950, p. 15.

[123] Cf. G. Wiet, "Les traducteurs arabes et la poésie grecque", in: *Mélanges offerts au P. René Mouterde [...]*, Mélanges de l'Université saint-Joseph, Beirute, XXXVIII (1962), pp. 361–368.

[124] Cf. G.E. von Grunebaum, *Medieval Islam. A study in Cultural Orientation*, Chicago U.P., 1946, cap. IX: "Creative Borrowing: Greece in the Arabian Nights", pp. 249–319.

Em particular, nada de teatro trágico ou cômico. É talvez a causa da notável ausência desse gênero literário na grande literatura árabe da época clássica — com exceção do popular teatro de sombras, vindo da China, e a celebração xiita da morte de Husayn em forma de "mistérios".[125] Em contrapartida, os árabes traduziram muita matemática e astronomia, muita medicina e alquimia também. No total, uma massa enorme de livros de ciência ou filosofia.[126] Tão enorme que muitas vezes a tradução árabe é o único traço de obras filosóficas, matemáticas ou astronômicas, cujos originais perdemos.

Eu disse que os árabes tinham traduzido, e traduzido muito. Isso significa, em parte, que eles transmitiram a herança grega ao Ocidente, em todos os campos:[127] medicina,[128] matemática, filosofia, a tal ponto que este contraiu uma enorme dívida cultural para com o mundo árabe, em todos os domínios. Essa dívida ainda era reconhecida (em todos os sentidos da palavra "reconhecimento") pela Idade Média de Gerbert d'Aurillac, Roger Bacon, Frederico II da Sicília, às vezes com algum sentimento de inferioridade, como em Alberto Magno que escreveu acerca da noética: "nesse campo, como em muitos outros, execro tudo o que defendem os latinos".[129] A admiração pelo tesouro da reflexão e do saber vindo dos árabes não impedia, aliás, uma dura polêmica acerca da doutrina. Assim, Tomás de Aquino é duro com Averróis, "que foi menos peripatético do

---

[125] Para uma explicação mais detalhada do contexto religioso, ver: G.E. von Grunebaum, *L'identité culturelle de l'Islam*, NRF, 1973, p. 75.

[126] Cf. a antologia de textos traduzidos em: F. Rosenthal, *Das Fortleben der Antike im Islam*, Artemis, Zurique, 1965.

[127] A bibliografia é imensa. Orientamo-nos graças ao panorama bastante equitativo e sereno de W. Montgomery Watt, *The Influence of Islam on Medieval Europe* (Islamic Surveys, 9), Edimburgo U.P., 1972, VIII e J. Schacht / C.E. Bosworth (ed.), *The Legacy of Islam* (2ª ed.), Oxford: Clarendon Press, 1974, XIV.

[128] Assinalamos a obra de D. Jacquart e F. Micheau, *La médecine arabe et l'occident médiéval*, Paris: Maisonneuve et Larose, 1990.

[129] Citado por A. de Libera, *Penser au Moyen Âge*, Paris: Seuil, 1991, p. 111.

que o corruptor (*depravator*) da filosofia peripatética",[130] mas ele cita no mesmo plano gregos, árabes e latinos. Duns Scotus, em contrapartida, não hesita em reivindicar Avicena.[131]

Uma polêmica sistemática e global se desenvolve sobretudo a partir dos humanistas que, como bons ciceronianos, também implicam com o mau latim dos tradutores de Averróis — e dos próprios escolásticos. A consciência de uma dívida, no entanto, permaneceu clara para os grandes orientalistas do Renascimento e do século XVII, Postel, Pococke ou Fontialis. Mas ela foi suprimida das memórias na época do Iluminismo, depois no século XIX. Na Alemanha, Mommsen se referiu ao islã como o "carrasco do helenismo".[132] Na França, Renan distinguiu-se tristemente nesse campo, em particular na sua conferência de 1883, "o islamismo e a ciência", que devia dar lugar a um interessante diálogo com Al-Afghani. Nela ele afirma que a Grécia é a única fonte do saber e da sabedoria e supõe uma interpretação teleológica da história intelectual, segundo a qual era necessário que a ciência árabe desaparecesse tão logo a herança antiga fosse inoculada na Europa. Enfim, ele acrescenta ao preconceito "iluminista" o racismo que começava a buscar um fundamento biológico e explica todas as inovações que deve conceder ao mundo islamizado pela origem persa, portanto "ariana", dos pensadores nele produzidos.[133] Desse modo, o Ocidente só pode pagar com a mesma moeda quando tentam ludibriá-lo, com uma exageração inversa, dizendo que os árabes inventaram tudo.[134]

---

[130] *De unitate intellectus*, 2, §214, p. 76a e 5, §265, p. 89b.

[131] Cf artigo seminal de E. Gilson, "Avicenne et le point de départ de Duns Scot", *AHDLMA*, 1927, p. 187.

[132] *Histoire romaine*, VIII, 2, 12 (1885), tr. fr. "Boquins", Laffont, t. 2, p. 927b.

[133] *Œuvres complètes*, Paris: Calmann-Lévy, t.1 (1947), pp. 945–960.

[134] Cf. a obra típica de S. Hunke, *Le soleil d'Allah brille sur l'Occident. Notre héritage arabe*, Paris: Albin Michel, 1963.

Seja como for, recordar a importância das traduções dos árabes não significa de modo algum que eles tenham se contentado em transmitir passivamente livros cujo conteúdo permanecia selado. Ao contrário, eles foram igualmente criadores. Expandiram, às vezes bastante, o saber que receberam. Em matemática, por exemplo, efetuaram avanços decisivos, muito além daquilo que receberam dos gregos.[135] Em astronomia, a escola de Maragha deu um passo decisivo na crítica do sistema ptolomaico em direção a Copérnico, que talvez conheceu alguns de seus resultados.[136]

Em filosofia é mais difícil avaliar o que há de novo nos pensadores de língua árabe. Por várias razões: primeiramente, por uma razão de fundo, já que a noção de progresso tem em filosofia um sentido muito distinto daquele que tem no campo das ciências. Em seguida, porque às vezes temos dificuldade em discernir o que é criativo e o que é simples adaptação de obras gregas desaparecidas. A questão é discutida, por exemplo, para saber em que medida Al-Farabi é original ou não faz mais do que destacar alguma obra helenística perdida para nós.[137] Enfim, dado que toda filosofia bebe de alguma fonte, podemos sempre lançar-nos ao exercício vão que consiste em dizer que este ou aquele pensamento já está presente neste ou naquele precursor. Mas, nesse caso, a filosofia ocidental é tão pouco original quanto a do Oriente muçulmano. E não temos motivos para dizer, por exemplo, que a ontologia de Avicena venha do neoplatonismo mais do que teríamos para Tomás de Aquino.

---

[135] Cf. os trabalhos de R. Rashed, em particular: *Entre arithmétique et algèbre. Recherches sur l'histoire des mathématiques arabes*, Paris, 1984, p. 7 com o Apêndice "La notion de science occidentale", pp. 301–318.

[136] Síntese recente em: G. Saliba, "The astronomical tradition of Maragha: a historical survey and prospects for future research", *Arabic Sciences and Philosophy* (1991), pp. 67–99.

[137] Assim, R. Walzer via por trás de praticamente cada texto de Al-Farabi um tratado helênico perdido. É preciso, no entanto, dar-lhe maior independência. Cf. M. Mahdi, "Al-Fârâbî's Imperfect State" (acerca da edição Walzer da *Cité idéale*), *JAOS*, 110.4 (1990), pp. 691–726.

OS ROMANOS: ADAPTAR

Falar dos romanos depois de falar dos árabes parece contrário ao bom-senso e à cronologia. Os romanos começaram a se ocupar dos gregos muitos séculos antes que o árabes entrassem na cena da história. Contudo, o estudo deles fornece, inclusive quanto ao próprio objeto, uma transição para a nossa modernidade. Somos e permanecemos, em particular no mundo árabe, rumis, habitantes da Rumélia, logo romanos. E por "romano" entendo antes de mais nada o mundo de língua latina — que durou até a Idade Média, e até muito mais tarde para os que pensam e escrevem.

Esses "romanos", na Idade Média, também recopiaram bastante. Para dizer a verdade, recopiaram a quase totalidade do que possuímos de literatura antiga. É preciso mencionar aqui o trabalho enorme feito pelos monges, em particular pelos beneditinos. Também aqui há uma política consciente. Para se premunir contra os riscos de destruição decorrentes das invasões, Cassiodoro funda, por volta de 540, o convento de Vivarium, cuja tarefa era salvaguardar os textos clássicos. O papa Gregório Magno segue seu exemplo, quarenta anos mais tarde, quando acolhe os monges que acabavam de ser expulsos de Montecassino, confiando-lhes a mesma tarefa, que desempenhariam durante quase um milênio.

Quanto à tradução, os romanos, no fim das contas, praticaram-na pouco. Eles adaptam, reescrevem, repensam os textos, transpondo-os em suas referências culturais. Na Antiguidade, eles se inspiraram sobretudo em modelos gregos que não traduziram. São vários os exemplos: Lucrécio versifica Epicuro, Cícero resume manuais da Academia Média, substituindo as histórias edificantes que os ilustravam por anedotas sobre os grandes romanos, Horácio transpõe Alceu, Virgílio rivaliza com Homero.

Mas tradutores propriamente ditos, se excetuarmos a tradução "técnica" (manuais de agricultura, etc.), não há nenhum até uma época relativamente tardia: Mário Vitorino, no século IV, traduz trechos de Plotino; Boécio, executado em 524 — cinco anos antes do fechamento da Escola de Atenas — começara a traduzir Aristóteles. Na Idade Média tardia, a situação não melhora muito, por uma razão simples: o recuo enorme do conhecimento da língua grega. Mesmo dentre os raros pensadores que a conheciam, a tradição da adaptação livre continua. Tradução e adaptação formam duas correntes paralelas, às vezes nas mesmas pessoas. Assim, João Escoto Erígena (morto por volta de 880), seguindo a corrente das traduções de Pseudo-Dionísio por Hilduíno (832-835), traduz os Padres gregos (como Gregório de Nissa e Máximo, o Confessor), mas também se abastece deles para compor suas obras pessoais.

Se os romanos da Alta Idade Média traduziram Aristóteles, foi depois dos árabes, e primeiramente a partir de traduções árabes. Isso se passou particularmente na Espanha, terra de enfrentamento e de encontro com o islã, notadamente em Toledo, onde atuaram muitos tradutores na segunda metade do século XII. Somente um século mais tarde começaram a traduzir diretamente do grego, por exemplo, com as traduções de Guilherme de Moerbeke utilizadas por São Tomás de Aquino. Os manuscritos então utilizados vinham do mundo bizantino. Mais tarde, o contato com a cultura grega foi restabelecido definitivamente com a emigração de intelectuais bizantinos para a Itália, depois da queda de Constantinopla.

UMA HISTÓRIA CONTÍNUA

Nessa história, buscar uma fonte absoluta, qualquer que seja ela, é inútil. O exercício é pueril tanto no positivo, quanto no negativo, como quando um pátio de recreio se mobiliza para descobrir "quem começou". É preciso, de um lado, dissociar a questão da prioridade e aquela da influência. Um belo exemplo é dado pelo problema das origens do amor cortês: a submissão do amante à Dama quase divinizada, a exasperação do desejo pela sua insatisfação aparece, como se sabe, nas regiões do Languedoc a partir de Guilherme IX de Toulouse. Esses temas se encontram também muitos séculos antes, na Arábia pré-islâmica, como convenção poética (*l'amour odhrite*). A cortesia permaneceu ainda por muito tempo um tema de debates teóricos, tanto na Bagdá do século IX quanto na Andaluzia do século XI. A anterioridade da "cortesia" árabe é incontestável. Mas a hipótese de uma influência não é certa. Poucos autores puderam evitar aqui a recusa seca, por princípio, ou a aceitação entusiasta, sem crítica, de uma influência vinda do islã andaluz. No entanto, parece que estamos condenados, no estado atual do conhecimento, a uma atitude mais sóbria: suspender o julgamento à espera de um documento verdadeiramente comprobatório.[138]

Em segundo lugar, também é inútil imaginar, para ficar com a imagem da fonte, que o rio seria alguma coisa se nele não corresse a água vinda de todos os seus afluentes. A história de uma cultura é uma continuidade. Assim, vimos que os gregos sabiam que eram os herdeiros dos bárbaros, e que os romanos tinham a mais viva, ou, ainda, a mais dolorosa, consciência de serem retardatários em relação aos gregos.[139]

É preciso, então, reparar a injustiça do Ocidente moderno para com o mundo árabe, reativando a memória dos empréstimos, mas evitando infligir a mesma injustiça às civilizações que o precederam, negligenciado o que ele mesmo recebeu do helenismo, da Pérsia ou das Índias. Por exemplo, é cientificamente exato e politicamente salubre

---

[138] Como modelos de debates prudentes e sem paixão, cf. J.-C. Vadet, *L'esprit courtois en Orient dans les cinq premiers siècles de l'Hégire*, Maisonneuve et Larose, Paris, 1968, p. 11 e H.-I. Marrou, *Les Troubadours*, Paris: Seuil, 1971, pp. 113–125.

[139] Cf. *supra*, cap. II, p. 40 e 43.

recordar que a escolástica latina recebeu do "arabismo" não apenas uma grande parte do seu conteúdo, mas até mesmo a formulação da questão fundamental da fé e da razão.[140] Mas o pensamento de língua árabe, em seus dois ramos rivais, também é ele próprio herdeiro do helenismo. De um lado, o aristotelismo árabe reivindica com Al-farabi a continuidade de uma tradição interrompida: a *translatio studiorum* teria existido sem interrupção de Alexandria a Bagdá.[141] Por outro lado, a "teologia" apologética (*kalâm*) descende de uma primeira tentativa, já precocemente escolástica, de conciliar o aristotelismo com o dogma cristão. Ela foi realizada na Alexandria do século VI por João de Filopono, e prosseguida, para citar apenas um nome, por João Damasceno, no século VIII, na capital do Império Omíada. A Idade Média estava ainda perfeitamente consciente disso.[142]

Evitemos isolar um ou outro momento do permanente vai-e-vem que constitui a história da cultura mediterrânea e que às vezes se cristaliza em certos objetos ou em certas palavras. Sabemos que uma parte não negligenciável do vocabulário espanhol, e que uma grande quantidade de termos científicos das línguas ocidentais, vêm do árabe ou por seu intermédio.[143] Mas há palavras que fizeram mais

---

[140] É a tese desenvolvida por A. de Libera, *loc. cit.*, cap. 4, "L'héritage oublié", pp. 98–142. Tomo emprestado dele o uso do termo "arabismo".

[141] Cf. M. Meyerhof, "Von Alexandrin nach Bagdad. Ein Beitrag zur Geschichte des philosophischen und medizinischen Unterrichts bei den Arabern", *Sitzungsberichte der Preussischen Akademie der Wissenschaften*, Philologisch-historische Klasse, 1930, pp. 389–429 e M. Mahdi, "Alfarabi against Philoponus", *Journal of Near Eastern Studies*, XXVI, 4 (1967), pp. 233–260, sobretudo 233–236. Pormenores em G. Strohmaier, "Von Alexandrien nach Bagdad" — Eine fiktive Schultradition", *Aristoteles. Werk und Wirkung. Paul Moraux gewidmet*, De Gruyter, Berlim/Nova Iorque, 1987, vol. II, pp. 380–389.

[142] Cf. Maimônides, *Guia dos perplexos*, I, 71 (árabe, p. 122, Joel; trad. fr., Munk, p. 340).

[143] Cf. o rico repertório de: G.B. Pellegrini, "L'elemento arabo nelle lingue neolatine con particolare risguardo all'Italia", in: *L'Occidente e l'islam nel alto medioevo*, Spolète, 1965, pp. 697–790.

de uma ida e volta. Assim, todo mundo sabe que "abricot" [damasco] chegou ao francês pelo espanhol *albaricoque*, que por sua vez (com uma leve alteração de sentido) provem do árabe *al-barqûq*, "ameixa". Mas o árabe vem do grego *praikokion*, vindo do latim *praecocia*, "primícia" (reconhecemos nosso "precoce"). Ao inverso, o árabe moderno *shik* é uma imitação do francês *"chèque"*, com o mesmo sentido. Mas a própria palavra francesa vinha do árabe *sakk*, "ordem de pagamento". E as academias de língua árabe quiseram banir a palavra *"amalgame"* antes de perceberem que o francês não fazia mais do que restituir ao árabe algo que outrora tomara emprestado. As palavras e as realidades que elas designam efetuaram um ciclo completo e retornaram ao seu ponto de partida enriquecidas com toda a evolução de uma técnica.

O verdadeiro problema não se situa no início e, sim, se de fato existe, na chegada. Não é tanto na busca vã de uma fonte quanto na leitura às avessas da história, feita como uma busca de antepassados por quem se crê descendente. As pesquisas sobre a possível origem árabe de certos traços da civilização europeia são condicionadas por reivindicações de originalidade com sinal inverso, tanto do lado dos destinatários quanto do lado das fontes. Assim, quando buscamos reservar a capacidade de inventar aos gregos, não é pela beleza de seus olhos. É porque sentimos, ou imaginamos, de forma mais ou menos consciente, que os gregos são no fundo nós mesmos.

A tese do presente ensaio é diametralmente oposta a toda reivindicação orgulhosa de ter inventado tudo, em contraposição a pessoas que "não inventaram nada". Dizer que somos romanos é o oposto de uma identificação com um ancestral prestigioso. É uma desapropriação, não uma reivindicação. É reconhecer que, no fundo, não inventamos nada, mas soubemos transmitir uma corrente mais forte, sem interrompê-la, mas nos reposicionando nela.

CAPÍTULO V
A APROPRIAÇÃO DO ESTRANGEIRO

A cultura representa o que um mundo tem de próprio. É ela que permite que chamemos esse mundo, em outro sentido da palavra, uma "cultura". Porém, o que é próprio não está necessariamente presente do mesmo modo. A Europa se distingue dos outros mundos culturais pelo seu modo particular de se relacionar com o próprio: a apropriação do que é tido por estrangeiro. É o que mostra uma comparação entre o modo pelo qual a Europa, por um lado, e os mundos culturais muçulmano, e em menor grau bizantino, por outro, conceberam e praticaram sua relação com a herança cultural que os precedia.

DIVERSOS MODOS DE SE APROPRIAR

A comparação dos procedimentos de assimilação postos em prática pelo mundo latino e pelo mundo árabe faz transparecer uma diferença capital. Ela já estava implícita no que disse anteriormente acerca do gênero de obras que traduzia ou não traduzia o mundo árabe.[144] Muito sucintamente: nas obras que traduziam, os árabes se concentravam no conteúdo, os romanos no aspecto literário. Os árabes buscavam apropriar-se de um conteúdo científico e/ou

---
[144] Cf. *supra*, cap. IV, p. 89 e ss.

filosófico, que podia ter valor de verdade. Os romanos eram movidos também por critérios estéticos. Por isso, a beleza da poesia podia fazer passar o conteúdo pouco conforme à ortodoxia filosófica ou moral reinante: assim, o ateu Lucrécio é recopiado por cristãos; a *Arte de Amar* de Ovídio é recopiada por pessoas que fizeram voto de castidade: são monges, e não necessariamente monges de logotipo de *camembert*, que transcrevem escrupulosamente as passagens em que o poeta recomenda o sincronismo dos orgasmos[145]... Porque era Lucrécio; porque era Ovídio. A poesia antiga, em contrapartida, não chegou ao mundo árabe. E, se chegou, foi no máximo sob a forma de florilégios de sentenças morais que se tornam muito prosaicas. Isso ocorre porque, como todos sabem, a poesia é intraduzível.[146] Logo, é preciso lê-la no original, conservando-a assim na sua língua, ou simplesmente não a ler.

Aqui surge o que me parece ser a diferença decisiva entre a transmissão árabe e a transmissão europeia da herança antiga. Ela se situa sem dúvida no terreno linguístico. O fenômeno fundamental é o da presença ou não de uma continuidade da língua. O latim e o grego sobreviveram ao cristianismo que se expressou por meio deles. Ao contrário, nas regiões islamizadas o árabe fez desaparecer o grego e levou o siríaco e o copta ao patamar de línguas litúrgicas ou de dialetos regionais. O persa teria sem dúvida sofrido o mesmo destino sem o renascimento político e cultural inaugurado no século XI. Quanto ao turco e às outras línguas dos países islamizados mais tarde (Índia, Indonésia, África), eles entraram na esfera do islã numa época em que este já tinha perdido seu ímpeto primitivo.

---

[145] Lembro-me de uma observação divertida de E. Gilson acerca desse tema, mas não consegui localizar a referência.

[146] Cf. Abû Sulaimân as-Sijistâni, *The Muntakhab Siwân al-hikmah* [...], Arabic Text, Introduction and indices edited by D.M. Dunlop, Mouton, Haia, 1979, §96, p. 68.

Um autor que, mesmo sem saber grande coisa sobre o islã, enxergou bem a importância desse fator linguístico é Maquiavel. Ele afirma que o cristianismo, pelo qual não tinha qualquer simpatia, "não conseguiu apagar totalmente o conhecimento das coisas feitas pelos homens excelentes" da civilização pagã, "pois manteve a língua latina, o que os cristãos fizeram forçosamente, já que tinham de escrever a nova lei com essa língua". Em contrapartida, "quando se verifica que aqueles que instituem a nova seita têm uma língua diferente, resulta-lhes fácil extingui-la (isto é, a memória da antiga religião)".[147]

Se na Europa a nova religião se exprimiu na língua vulgar da época, depois nas línguas — germânicas, eslavas, celtas, etc. — dos povos recém-convertidos, ela não produziu qualquer obra-prima literária particularmente normativa. Podemos julgar como quisermos a mensagem que transmite o Novo Testamento. Podemos destacar a importância histórica que teve a narrativa da Paixão — a majestade mais elevada no rebaixamento mais ignóbil — para transpor a barreira que separava o estilo elevado do estilo baixo.[148] Verifica-se que os textos que o compõem são, enquanto tais, de uma qualidade literária bastante medíocre. Os cristãos sempre souberam que se tratava, em alusão à profissão inicial dos apóstolos, de uma "língua de pescadores" (*sermo piscatorius*), de um "discurso humilde".[149] E o mesmo fenômeno se observa no nível profano. Os povos bárbaros, pagãos, não possuíam línguas suficientemente elaboradas e literaturas ricas o bastante para rivalizar com aquelas dos territórios onde se instalavam. Consequentemente, a Europa teve de esperar vários séculos para ver aparecer uma literatura em língua vulgar.

---

[147] Maquiavel, *Discorsi sopra la prima deca di Tito Livio*, II, 5 (Tutte le Opere, Mondadori, 1968, 2ª ed., t. 2, p. 247.

[148] Cf. E. Auerbach, *Mimesis*, cap. 2, Paris: NRF, 1968.

[149] Cf. *id*., "Sacrae scripturae termo humilis" (em francês), in: *Gesammelte Aufsätze zur romanischen Philologie*, Francke, Berna/Munique, 1967, pp. 21–26.

Em contrapartida, os árabes possuíam, desde antes do Alcorão, uma grande poesia lírica, guerreira, polêmica. Além disso, desde o islã, eles têm consciência de possuir no Alcorão uma obra-prima literária insuperável, e mesmo inigualável, já que essa própria inimitabilidade constitui o grande milagre, o único milagre para dizer a verdade, que atesta a origem divina do livro sagrado.[150] E a revelação corânica não interrompeu de modo algum, nem modificou em profundidade, a tradição poética árabe: os mesmos gêneros literários floresciam tanto antes quanto depois, ou ainda os mesmos temas, aliás nem sempre ortodoxos. O fato corânico exerceu em toda a literatura árabe, quando muito, uma influência indireta. Na verdade, pôde-se relacionar a isso a ausência de uma prosa artística em terras de islã e a divisão da escrita numa poesia, que tem que ver apenas com a arte, e uma prosa de pura descrição dos fatos: uma vez que o Alcorão é supostamente inimitável, era perigoso aproximar-se demais da prosa ritmada na qual ele está redigido.[151] Seja como for, há, portanto, além da descontinuidade linguística, uma segunda razão pela qual os árabes não buscaram adaptar a poesia greco-latina: eles simplesmente não precisavam buscar em outro lugar o que a sua própria tradição lhes fornecia em abundância.

Os dois fatos, religioso e literário, unem-se num só, ambos resultando ou não numa valorização da língua na qual se exprimem. Na Europa, a língua não é considerada detentora de um valor particular.[152] Os árabes, ao contrário, creem que falam — ou ao menos que leem e escrevem — a própria língua de Deus, pois o Alcorão foi revelado em árabe e se apresenta como "Alcorão árabe".[153] Essa origem

---

[150] Fundamento corânico em: *Alcorão*, XVII, 90; X, 39. Cf. *Encyclopédie de l'Islam*, s.v. I'jâz, t. III (1970), p. 1044a-1046b (G.E. von Grünebaum).

[151] Cf. A. Miquel, *L'Orient d'une vie*, Payot, 1990, p. 109, 120.

[152] Cf. *supra*, cap. II, p. 41 e ss.

[153] *Alcorão*, XII, 2 e ss.

religiosa está por trás da valorização da língua árabe; a poesia posterior ao Alcorão está supostamente escrita numa língua mais bela que a poesia anterior a ele.[154] Desse modo, o árabe não é necessariamente a língua mais antiga, mas é a língua definitiva,[155] ou ao menos a mais clara e verdadeira das línguas. Assim, quando uma obra é traduzida em árabe, ela adquire uma dignidade incomparável. Ela é promovida e não diluída. A cópia, longe de "degenerar a vivacidade do original", é, por assim dizer, elevada a um nível superior: "as ciências de todas as regiões do mundo, escreve Albiruni, foram traduzidas na língua dos árabes, embelezaram-se, penetraram nos corações, e a beleza da língua circulou nas veias e artérias".[156]

Fatos análogos se encontram em Bizâncio, mas por razões diferentes. Bizâncio tem em comum com a Europa uma continuidade linguística que a distingue do mundo árabe, isto é, a língua grega. Em contrapartida, ela tem em comum com o mundo árabe um traço que a distingue da Europa. De fato, ela também está consciente da presença em si de uma língua muito valorizada, ilustrada por obras-primas de uma literatura prestigiosa — o grego de Homero e de Platão. Assim, Teodoro Metoquita, no século XIV, exclama orgulhosamente: "Os estados vizinhos da Hélade não tiveram parte em semelhante tradição. Com efeito, eles não possuíram uma língua que se impôs triunfalmente a todos os tempos e que, pelo seu charme e estética, atraiu à sua esfera a maior parte dos homens".[157]

---

[154] Cf. Ibn Khaldoun, *Muqaddima*, IV, 22 (R, t.2, p. 303) e VI, 56 (R, t. 3, p. 396).

[155] Cf. A. Borst, *Der Turmbau von Babel. Geschichte der Meinungen über Ursprung und Vielfalt der Sprachen und Völker*, Stuttgart: A. Hiersemann, 1957, t.1, Fundamente und Aufbau, p. 344.

[156] Prefácio ao *Livre des drogues*, trad. M. Meyerhof, *Bulletin de l'Institut d'Égypte*, XIX, p. 33 e XXII, p. 144 (F.M.). Original em: M. Meyerhof, "Al-Biruni's Vorwort zu seiner Drogenkunde", *Quellen und Studien zur Geschichte der Naturwissenschaften und der Technik*, III, 3 (1932).

[157] *Ethikos è peri paideias*, f. 205 r, em: H. Hunger, "Theodoros Metochites aos Vorläufer des Humanismus in Byzanz", *Byzantinische Zeitschrift*, 45 (1952), 4–19, cit. p. 15.

A forma clássica dessa língua permanecerá normativa. A ponto de buscarmos, às vezes, elevar a dignidade de certos textos por meio de uma tradução paradoxal que os fará andar na contramão da evolução linguística, do grego popular ao grego erudito. Assim, no século X, Simeão Metafrasta reescreveu em distinto grego todas as vidas de santos que a piedade popular escrevera na sua língua.[158] A continuidade linguística garantida pelo grego erudito manterá (certamente ao preço de um aprendizado escolar) a acessibilidade das obras-primas antigas. Isso será obtido à custa de uma ficção, a da unidade da língua grega. E talvez a continuidade do helenismo, de Homero (para não retornar ao Linear B...) até nossos dias, passando pelos séculos bizantinos, não é ela mesma senão uma ficção.[159] No que concerne à língua, pelo menos, a diferença real entre uma língua "purificada" (*katharevousa*) e uma língua "popular" (*dhimotiki*) não parou de aumentar, até suas últimas recaídas, politicamente determinadas na Grécia contemporânea.[160] Em todo caso, as elites culturais de Bizâncio jamais se sentiram alheias à Grécia Antiga.

Assim, diferentemente de Bizâncio, a Europa não pôde permanecer, graças à continuidade de uma língua que fora o suporte de uma vasta literatura, na posse pacífica de uma herança clássica que lhe assegurava o sentimento de uma superioridade cultural. Ela tampouco pôde, como o mundo muçulmano, compensar sua dependência inicial em relação às fontes exteriores pela impressão de enobrecer e alargar o saber que herdavam, fazendo-o chegar à língua

---

[158] Cf. *Dictionnaire de Spiritualité*, s.v. Syméon Métaphraste, col. 1383–1386 (M.-H. Congourdeau).

[159] Cf. C. Mango, "Byzantinism and Romantic Hellenism", *Journal of the Warburg and Courtald Institutes*, XXVIII (1965), p. 29–43. Em sentido contrário: Ap. Vacalopoulos, "Byzantinism and Hellenism. Remarks on the racial origin and the intellectual continuity of the greek nation", *Balkan Studies*, IX (1968), p. 101–126.

[160] Cf. R. Fontaine, "L'Église grecque et la question de la langue en Grèce", *Istina*, 21 (1976), pp. 412–429.

escolhida por Deus e difundindo-o no espaço que cobria sua religião definitiva. A Europa devia permanecer face à consciência de ter emprestado, sem esperança de restituição, uma fonte que não podia nem recuperar nem superar.

ENTRE HISTORICISMO E ESTETISMO

Dessa maneira, a cultura europeia é marcada pelo sentimento saudoso de uma alienação e de uma inferioridade que suscitam nostalgia em relação a uma fonte. Podemos encontrar traços desse sentimento em diversas épocas, como na imagem recorrente segundo a qual uma época posterior se considera uma geração de anãos que necessitam se apoiar nos ombros de gigantes que os precederam.[161] Esse sentimento se alimenta, às vezes, de uma concepção geral da história como decadência em relação a uma verdade primitiva. Mas ele não se resume a isso. Mesmo depois da querela dos antigos e dos modernos, que viu, no entanto, o triunfo dos últimos, ele sobreviveu de modo subterrâneo, por exemplo, no romantismo, até que Nietzsche o formulasse a propósito da filosofia alemã no seu conjunto, na qual ele desvela uma nostalgia mais ou menos confessada do mundo grego.[162] Leo Strauss, ainda no nosso século, reconheceu que "é preciso ser transportado por uma sincera nostalgia do passado".[163]

Esse sentimento faz dos europeus "romanos", eu dizia. E, em certo sentido, ainda o somos, depois e apesar da revolução que se operou na relação com o passado.

---

[161] A imagem foi sem dúvida lançada por Bernardo de Chartres, para quem Aristóteles é o gigante (cf. João de Salisbury, *Metalogicon*, III, 4, PL, 199, 900 c). Ela chega a Newton, mas também aparece em Swift que compara implicitamente os Antigos a Brobdingnag e os Modernos a Lilliput.

[162] Nietzsche, fragmento de agosto-setembro de 1885, 41 [4], KSA, t. 11, p. 678 e cf. J. Taminiaux, *La nostalgie de la Grèce à l'aube de l'idéalisme allemand. Kant et les Grecs dans l'itinéraire de Schiller, de Hölderlin et de Hegel*, Nijhoff, Haia, 1967, XII.

[163] "On Collingwood's Philosophy of History", *Review of Metaphysics*, 5 (1951–1952), 576.

É preciso começar tomando consciência dessa revolução. Ela é silenciosa, mas constitui um dos traços fundamentais da modernidade. É a revolução que constitui a relação histórica com o passado.[164] A historicização do passado é o fato de conservarmos o passado já não porque é belo, ou pertinente, ou como queiramos dizer — o que significaria que é atual — mas pela única razão de que é passado, e, portanto "interessante". Podemos indicar diversos sinais desse fato. Assim, o desenvolvimento fantástico, cancerígeno, da produção de obras históricas. Ou o fenômeno do museu,[165] ainda mais visível quando ele não se contenta somente em conservar as obras-primas da arte, mas caminha rumo à "musealização" progressiva de todo o passado.[166] Ou ainda os monumentos aos mortos. Nossa relação com os antigos tornou-se uma relação de conservação: editamos ou estudamos textos antigos, mesmo quando seu conteúdo não tem relação com nosso conhecimento ou nossas crenças.

Essa atitude face aos textos antigos está ligada a outra, que a compensa e é talvez seu antídoto. Trata-se da atitude estética, que nos faz apreciar um texto simplesmente porque é belo. É o que explica esse gesto paradoxal que consiste em tentar apropriar-se de algo que, no entanto, nos parece estrangeiro. O que caracteriza a atitude estética diante de uma realidade é que a separação entre o conteúdo e a forma perde toda pertinência. Basta ter lido uma vez na vida um poema ou um romance para sabê-lo. A impossibilidade de distinguir o conteúdo da forma permite, evidentemente, salvaguardar a forma. Mas é preciso compreender ainda que essa impossibilidade também

---

[164] Ninguém viu isso melhor do que Nietzsche na segunda *Considération inactuelle*, "De l'utilité et des inconvénients de l'histoire pour la vie" (1874).

[165] P. Valéry, "Le problème des musées", in: *Œuvres*, Pléiade, t. 2, p. 1290–1293.

[166] Cf. H. Lübbe, *Zeit-Verhältnisse*, *Zur Kulturphilosophie des Fortschritts*, Styria, Graz/Viena/Colônia, 1983, pp. 9–32.

salvaguarda o conteúdo. Mudar a forma para guardar o conteúdo (o que acontece numa tradução) é reduzir o texto à compreensão que teve dele o tradutor. É, portanto, impedir outros intérpretes de beber dessa fonte. O trabalho hermenêutico só é possível se a letra for preservada. Logo, se lermos todos os textos, mesmo o mais prosaico, como um poema no qual cada palavra é insubstituivelmente ela mesma ou, em certo sentido, se lermos a prosa como um caso limite da poesia. Assim, a vantagem de uma relação estética com o texto é que ela pretende que ele seja inesgotável. É sua inesgotabilidade, e não seu valor de modelo, que faz o caráter "clássico" de um texto: "Não é necessário que possamos compreender a fundo um texto clássico. Mas aqueles que são cultos e se cultivam devem querer tirar dele sempre mais lições".[167] Um texto clássico é um texto do qual sempre podemos extrair novas ideias. Porém, aquilo que poderíamos chamar de aposta cultural da Europa é justamente que os textos antigos terão sempre alguma coisa a nos ensinar — e, portanto, é preciso conservá-los na sua literalidade.

O mundo do islã, em contrapartida, se traduziu, e traduziu enormemente, e se prolongou o conteúdo do que traduzia, não conservou os originais[168] e, por isso, não pôde estudá-los. Desse modo, tornou impossível o fenômeno dos "renascimentos", ou seja, do recurso aos textos originais contra as tradições que os reivindicaram. No mundo europeu, a presença dos originais possibilita um processo em constante apelação. As escolas de pensamento podem se afrontar com maior ou menor dureza. Mas disputam em torno das mesmas fontes. Os "renascimentos" nada mais são do que a contestação por uma nova leitura de uma antiga leitura de um mesmo corpus de textos. Os italianos, em Pádua, por exemplo, contrapõem o Aristóteles

---

[167] F. Schlegel, *Kritische Fragmente*, n° 20 (KA, t. 2, p. 149).
[168] Cf. Ibn Khaldoun, *Muqaddima*, VI, 43 (R, t. 3, 317).

da Escolástica ao de Averróis, que supostamente, não sem razão, estaria mais próximo do Aristóteles histórico. Ou ainda, os humanistas jogam o latim de Cícero contra o latim medieval, supostamente "bárbaro".

Na Europa, a presença e a acessibilidade linguística de uma grande poesia impuseram o modelo estético de relação com o texto. Por isso, ela proibiu que nos prendamos unicamente ao conteúdo, que transvasemos de uma só vez o conteúdo da obra para injetá-la em seguida no receptor. Nesse sentido, foi a poesia que salvou a Europa. Mas ela não o teria feito se o cristianismo já não tivesse, no plano da relação com o Absoluto, imposto o modelo cultural secundário.

O FUNDAMENTO RELIGIOSO DA SECUNDARIEDADE

De fato, como já vimos,[169] no mundo cristão o fenômeno da secundariedade se encontra até mesmo na relação com o Absoluto (para ser claro: na religião). Porém, parece-me que é a presença da secundariedade nesse nível fundamental que singulariza a Europa. Com efeito, ainda que outras civilizações possam se reconhecer herdeiras — como muitas culturas asiáticas reconhecem uma pesada dívida para com a Índia (Ásia do Sudeste, Tibete) ou a China (Japão) — a Europa é talvez a única a fazer desse caráter secundário um princípio situado no centro da sua relação com o Absoluto.

Ter elevado a secundariedade cultural ao nível da relação com o Absoluto é o feito da religião que marcou decisivamente a Europa, isto é, o cristianismo. De fato, este sabe que é secundário em relação à Antiga Aliança. Essa ancoragem no Absoluto dá à referida secundariedade um peso único, não sem modificá-la. Com efeito, a secundariedade, no domínio religioso, não tem que ver com o

---

[169] Cf. *supra*, cap. III, p. 60 e ss.

tempo: a Antiga Aliança não é um passado do qual se distanciar, mas um fundamento permanente. Por isso, ela não se concebe como um progresso em relação ao passado, e tampouco como sua historicização. Em vez disso, a relação com a herança do mundo antigo é, de fato, uma relação com um passado e, como tal, ela não pode se subtrair a esses dois fenômenos. É preciso, então, que a secundariedade cultural (para com o "grego") seja retomada na secundariedade religiosa (para com o "judeu") para poder fornecer um modelo permanente.

Dessa maneira, é a secundariedade religiosa que proíbe a toda cultura que se reclame do cristianismo, como a Europa, de se considerar a sua própria fonte. Assim, a recusa do marcionismo é talvez o evento fundador da história da Europa como civilização, na medida em que fornece a matriz da relação europeia com o passado e o ancora no nível mais elevado. É possível que Santo Irineu, com sua polêmica contra o marcionismo e sua afirmação da identidade do Deus do Antigo Testamento com o do Novo, seja não somente um dos Padres da Igreja, mas também um dos Pais da Europa. O fechar-se da Europa em sua própria cultura, entendida apenas como uma dentre outras, seria algo como um marcionismo cultural.

Tanto no domínio religioso quanto no domínio cultural, a Europa tem uma mesma relação com o que a precede: não se agarrar ao passado, nem o rejeitar. A Europa não pretende, quanto à cultura, ter absorvido em si tudo o que continha o helenismo ou, na religião, tudo o que continha o Antigo Testamento — de tal modo que se pudesse jogar a concha vazia. O que o cristianismo pretende, quando muito, é possuir (o termo não é apropriado) a chave que permite interpretar aquilo para o qual tendia a Antiga Aliança. Ele pretende que a recapitulação da história passada ocorre no evento de Cristo, plenitude da divindade (*Colossenses* 2, 9). Mas a exploração das riquezas que estão ali contidas, e sua refração na santidade da Igreja, é uma tarefa infinita que requer nada menos que toda a história porvir.

O islã, em contrapartida, se caracteriza por esse gênero de atitude de absorção. Para ele, como vimos,[170] os judeus e os cristãos fraudaram os textos da revelação que lhes fora transmitida. A revelação está presente na sua pureza apenas no Alcorão. Segue-se que, para o islã, a verdade do judaísmo e do cristianismo se encontra nele, e tão somente nele. Essa verdade se situa, portanto, fora das duas religiões que o precederam e que estão em certo modo alienadas delas mesmas. Seu estudo não tem interesse intrínseco. Porém, tudo acontece como se no mundo muçulmano o mesmo modelo tivesse se aplicado às civilizações anteriores ou exteriores. O islã pôde certamente interessar-se por elas, ou descrevê-las com um luxo de detalhes nas obras-primas de geografia física e humana.[171] É um traço que ele divide com a Europa[172] e que o distingue de Bizâncio.[173]

Mas o islã, diferentemente da Europa, não pensou em utilizar seu saber estrangeiro como instrumento que lhe permitisse, por comparação e distanciamento em relação a si, melhor compreender-se tomando consciência daquilo que suas práticas culturais têm de não-evidente.[174] É possível que os geógrafos façam o elogio da Índia e da China para dirigir assim uma discreta crítica ao islã de seu tempo, quase sempre compensada em última instância por uma

---

[170] Cf. *supra*, cap. III, p. 67.

[171] Sobre as geografias árabes, ver: A. Miquel, *La géographie humaine du monde musulman jusqu'au milieu du XIe siècle*, Paris: Mouton, 4. vol., 1967, 1975, 1980, 1988.

[172] Cf. *infra*, cap. VI, p. 136.

[173] Cf. C. Mango, *Byzantine Literature as a Distorting Mirror*, Clarendor Press, Oxford, 1975, p. 17.

[174] É a tese central de: Lewis, *Comment...* Ver também: Grunebaum, *Identité...*, pp. 33, 37, 258, n. 50.

afirmação da superioridade religiosa dele.[175] As raras e verdadeiras exceções que podemos encontrar vêm de pensadores marginais ou hereges. O contato com os Brâmanes hindus, cuja religião dispensa muito bem a profecia que o islã declara, ao contrário, necessária à felicidade do homem e à boa ordem social, impunha um problema aos pensadores muçulmanos. O diálogo real ou fictício com estes serviu a mascarar uma crítica ao islã num livre-pensador como Ibn Al-Rawandi.[176]

A IDEIA DE "RENASCIMENTO"

O que chamei de secundariedade cultural me parece governar a relação com o outro na história cultural da Europa. Podemos resumi-la num duplo movimento, de sístole e diástole: de um lado, observa-se uma expansão constante rumo a um domínio supostamente "bárbaro" a assimilar e a integrar. Podemos compreender sob esse ponto de vista, nos primórdios da história europeia, a integração de povos de língua não latina, germânicas, depois eslavas ou escandinavas, e seu acesso à escrita e ao cristianismo. Ou ainda, a expansão que sucedeu as grandes descobertas e resultou na divisão entre as nações europeias ou oriundas da Europa da quase totalidade do mundo habitado.

De outro lado, assistimos ao esforço constante de voltar atrás, rumo à fonte clássica. Podemos assim escrever a história intelectual da Europa como uma sequência quase ininterrupta de renascimentos. A ideia de "renascimento" inseria-se primeiramente num esquema determinado da história intelectual, herdada de Petrarca,[177] depois retomada pela ideologia do Iluminismo. Esse esquema ternário, talvez

---

[175] Cf. A. Miquel, *L'Orient...*, p. 170.

[176] Cf. P. Kraus, "Studien zur islamischen Ketzergeschichte. Das Kitâb az-zumurrud des Ibn ar-Rawândi", *Rivista degli Studi Orientali*, XIV (1933–1934), pp. 93–129 e 325–379.

[177] Cf. Th. E. Mommsen, "Petrarch's Conception of the Dark Ages", *Speculum*, XVII (1942), pp. 226–242.

proveniente de uma secularização de Joaquim de Fiore, supõe um período brilhante que teria interrompido um período de obscuridade, as "eras sombrias", as "trevas". Esse período estaria terminado e deveria ser retomada a claridade inicial. Com isso, passava-se por cima de uma época supostamente vazia e que bastava chamar, por seu lugar intermediário, de "Idade Média". Portanto, o Renascimento devia designar o fim da obscuridade medieval.

De sua parte, os historiadores mostraram que o fenômeno nunca cessou. Eles alargaram o conceito de "renascimento" e descreveram a sua continuidade no decorrer dos séculos. Podemos começar com o "renascimento carolíngio", prosseguir com o "renascimento do século XII",[178] e continuar, é claro, com a série de renascimentos italianos. Mas sem parar aí, pois encontramos na mesma linha o ciclo alemão do helenismo. Podemos iniciar com Winckelmann — a menos que queiramos retornar ao Beato Renano. Ele prossegue no classicismo de Weimar e resulta no sonho de voltar a ser grego. O projeto é inicialmente acariciado pelo romantismo de Iena: "Viver de modo clássico e realizar em si próprio a Antiguidade de modo prático, eis o ápice e o objetivo da filologia [...]".[179] Em seguida, ele é retomado por Nietzsche: "Dia após dia tornamo-nos mais gregos, em primeiro lugar, como é claro, nos nossos conceitos e avaliações, como fantasmas interpretando os gregos: mas um dia, esperamos, também com nossos corpos! É aí que reside (e sempre residiu) minha esperança para o que é alemão!".[180] O sonho de um novo Renascimento ainda está presente em pensadores do nosso século. Além dos sonhos um pouco nebulosos de um "terceiro humanismo" em

---

[178] Expressão lançada por C.H. Haskins, *The Renaissance of the Twelfth Century*, Harvard U.P., Cambridge (Mass.), 1927.

[179] Cf. F. Schlegel, fragmentos de *Athenäum*, §147 (KA, t.2, p. 188).

[180] Nietzsche, fragmento de agosto-setembro de 1885, 41 [4], *KSA*, t. II, p. 679 (= *Wille zur Macht*, §419 fim).

Werner Jaeger, Heidegger tem uma atitude ambígua nesse tema.[181] Leo Strauss, por sua vez, sonhava com um novo Renascimento fundado na ideia de direito natural: "No máximo, ele esperava que pudesse haver algum dia um terceiro humanismo ou um terceiro renascimento depois daqueles da Itália e da Alemanha, mas que dessa vez não seriam inspirados nem pela beleza visível das estátuas, das pinturas e das construções dos gregos, nem pela grandeza da sua poesia, mas pela verdade da sua filosofia".[182]

HUMANISMO MUÇULMANO E HUMANISMO EUROPEU

Esse fato é algo específico à Europa? E quanto aos demais domínios culturais? Podemos falar, por exemplo, de um humanismo muçulmano? A questão é debatida, especialmente porque a própria palavra está longe de ser unívoca. Tentemos dar a isso um pouco de clareza:

a) Podemos entender por "humanismo" a tentativa de criar um mundo fundado unicamente na consideração do homem e na exclusão de Deus, assim como no inglês moderno "*humanist*" é uma fórmula educada para dizer "ateu". Nesse sentido, é claro que um humanismo muçulmano é tão contraditório quanto um humanismo cristão.

b) Se entendemos com isso o amor pelas belas-letras, podemos encontrar no mundo árabe uma época em que as condições sociais necessárias à emergência de um humanismo estavam reunidas: um público de literatos refinados, um gosto por uma cultura geral sobretudo literária, etc., e no qual essas condições portaram frutos totalmente comparáveis aos da Europa. Assim, bons especialistas

---

[181] Cf. referências dadas em meu texto: "La phénoménologie comme accès au monde grec [...]", in: J.-L. Marion e G. Planty-Bonjour, *Phénoménologie et métaphysique*, Paris: PUF, 1984, p. 249, n. 9.

[182] Allan Bloom, "Un vrai philosophe, Leo Strauss", *Commentaire*, 1 (1978), p. 103a.

propuseram nomear "humanistas" certos traços do mundo muçulmano.[183]

c) Podemos chamar de "humanismo" a valorização do homem, supostamente no ápice da natureza ou, para as religiões, da criação. Encontramos no mundo islâmico, assim como em muitas tradições culturais anteriores ou paralelas,[184] uma afirmação do valor excepcional do homem, ou uma teoria do "homem perfeito", o único digno do lugar supremo.[185] Podemos falar de um humanismo no pensamento árabe. Mas se seus defensores se exprimem em árabe, ele é de origem oriental, iraniana ou antiga.[186] E podemos considerar que os autores muitas vezes suspeitos que o professam, como "Jâbir" ou Razi, tiraram-no da religião muçulmana? Averróis, por exemplo, chega a deixar subentendido que as legislações religiosas ("divinas") devem ser apreciadas segundo a sua conformidade com as "leis humanas", isto é, com as regras que definem qual regime é conforme ao objetivo último do homem, tal como determinado pela filosofia e somente por ela. Ele inverte assim de modo espetacular o ponto de vista segundo o qual as leis humanas devem ser, ao contrário, normatizadas pela Lei divina.[187] Esse "humanismo" é de um bom muçulmano?

---

[183] Cf. M. Guidi, A. Badawi, L. Gardet (*La cité musulmane*, Paris: Vrin, 1954, pp. 271–328), M. Arkoun, *Contribution à l'étude de l'humanisme arabe au IVe/Xe siècle. Miskawayh philosophe et historien*, Paris: Vrin, 1970, sobretudo "L'attitude humaniste", pp. 356-364.

[184] Cf. Salmo 8 e para referências a textos gregos ver: R. Brague, *Aristote*[...], §27 e 28.

[185] Cf. H.H. Schaeder, "Die islamische Lehre vom Vollkommenen Menschen, ihre Herkunft und ihre dichterische Gestaltung", in: *Zeitschrift der Deutschen Morgenländischen Gesellschaft*, 79 (1925), pp. 192-268.

[186] Cf. A. Badawi, "L'humanisme dans la pensée arabe", *Studia Islamica*, VI (1956), pp. 67-100.

[187] Cf. Averróis, *Commentary on Plato's Republic*, edited with an introduction, translation and notes by E.I.J Rosenthal, Cambridge U.P., 1969 (3ª ed.), [I, vii, 11], p. 26, 16 e [II, iii, 1], p. 63, 1. Sobre a mudança de perspectiva, ver: S. Pinès, "Le toratho hamedinith shel Ibn Rushd", *Beyn makhsheveth Israel lemakhsheveth ha-'ammim*, Mosad Bialiq, Jerusalém, 1977, p. 92.

d) A questão se torna árdua e interessante sob duas condições: por um lado, é preciso que a palavra "humanismo" designe uma tentativa de atribuir ao homem, face àquilo que ele não é (inclusive Deus), um estatuto de parceiro autônomo, uma dignidade que lhe permita entrar em relação livre com seus semelhantes; por outro lado, é preciso que entendamos por islã não uma cultura, mas uma religião como ela se exprime nos seus documentos normativos. Porém, os eruditos que negam a existência desse gênero de humanismo fora do judaísmo e do cristianismo não são desprovidos de autoridade.[188]

De fato, podemos invocar diferenças no nível da representação das origens da humanidade e da ação de Deus para com ela. Assim, no Antigo Testamento é Adão que nomeia as coisas que Deus não nomeou, em particular os animais.[189] Com isso, Deus assume o risco de ter de aprender algo com o homem e confirma as decisões dele, deixando-o agir enquanto legislador. No Alcorão, ao contrário, é Deus quem nomeia todas as coisas e ensina seus nomes a Adão.[190] E no cristianismo, a ideia de encarnação confere à humanidade uma dignidade única.

Sem querer aprofundar esse vasto debate, é interessante observar que a diferença talvez central entre o humanismo europeu e o que se lhe assemelha no mundo árabe é uma consequência da natureza dos textos antigos que foram transmitidos a um e a outro. A literatura antiga, no que tinha de propriamente "literária", isto é, a poesia épica, trágica e lírica, não chegou ao mundo árabe — diferentemente, como vimos, da filosofia e das ciências antigas. No entanto, é justamente essa literatura que veiculava algo

---

[188] Cf. C.H. Becker, *op. cit.*, p. 34; Jörg Kraemer, *Das Problem der islamischen Kulturgeschichte*, Niemeyer, Tübingen, 1959, cap. 8, p. 35-40; Grunebaum, *Identité*, pp. 50, 60.

[189] *Gênesis* 2, 19.

[190] *Alcorão* II, 31.

como uma concepção antiga do homem, com os modelos de sua excelência possível na sua afirmação em relação aos deuses, à natureza, à cidade, etc. O mundo árabe, portanto, não teve de afrontar a concorrência de uma concepção global do homem anterior ao islã: a ideia que os árabes da "ignorância" (*jâhiliyya*) faziam da excelência humana não tinha peso face à gravidade do Alcorão, e os textos filosóficos e científicos traduzidos mais tarde exprimiam a concepção pagã do homem apenas de forma atenuada. O mundo cristão, ao contrário, teve de se mesurar com um paganismo mais vigoroso: o neoplatonismo anticristão de Porfírio ou de Proclo, que não tinha sido expurgado como foram os textos plotinianos traduzidos em árabe,[191] e sobretudo os trágicos gregos, os verdadeiros adversários da santidade cristã.[192] O cristianismo, portanto, teve de secretar anticorpos mais poderosos.

HUMANISMO COM OU SEM RENASCIMENTO

No mundo árabe, um eventual humanismo não tomou a forma de "renascimentos". Outro termo ambíguo. Por certo, nada impede de classificar certos períodos da história intelectual do mundo muçulmano sob essa etiqueta cômoda, como a época dos Emirados Buídas no século X.[193] Entende-se com isso uma retomada dos estudos intelectuais, possibilitada pela paz civil, pelo desenvolvimento e diversificação da administração, pela emergência subsequente de uma classe dispondo do lazer necessário para se consagrar aos problemas do espírito. Podemos ainda

---

[191] Penso aqui em: "*Théologie d'Aristote*", "*Épitre sur la science divine*" e "*Discours sur le Bien pur*" (*Liber de causis*).

[192] H.U. von Balthasar, *Rechenschaft 1965*, Johannes, Einsiedeln, p. 24.

[193] A palavra vem de: A. Mez (1869–1917), *Die Renaissance des Islams*, Heidelberg, 1922. O próprio Mez não a pôde explicar. Ele enfatiza a importância da penetração de fontes anteriores e exteriores ao islã, gregas ou cristãs, para explicar o seu florescimento cultural. Ver a discussão em: Joël Krämer, *Humanism in the Renaissance of Islam. The cultural revival during the Buyid age*, Brill, Leyde, 1986, pp. 1–5.

considerar renascimentos, no século XI, a empreitada de uma "revivescência das ciências religiosas", título da grande obra de Algazali. Ou, enfim, a emergência de uma consciência nacional árabe (*nahda*) no final do século XIX, ou ainda os movimentos que agitavam o islã contemporâneo.

Não se trata, em alguns desses fenômenos, de um retorno às fontes, logo de um "re-nascimento" no sentido etimológico do termo? Trata-se, de fato, muitas vezes de um retorno às fontes do próprio islã, de um desejo de reencontrar uma pureza mais ou menos sonhada: a do período de Medina, quando Maomé organizava sua comunidade, a dos califas "bem guiados", antes das cisões que recortaram — e ainda recortam — o islã na época de Ali. Um movimento que nomearíamos de bom grado "modernista" poderá até mesmo se chamar, de modo para nós paradoxal, *salafiya*, ou seja, fidelidade aos costumes ancestrais. Todos esses revigoramentos buscam justamente se recolocar nas fontes, na origem do islã. A Europa pode apresentar fatos análogos, como as reformas sucessivas da Igreja — tal qual o movimento franciscano que é uma tentativa de retomar a vida que levavam os apóstolos com Cristo. Mas esses fatos, tanto no islã quanto na Europa, não são "renascimentos". Melhor seria falar de renovações (*revivals*). Na verdade, temos de observar aqui uma diferença fundamental. No caso das renovações religiosas, trata-se de retornar à fonte permanecendo dentro de uma tradição. No caso dos renascimentos, a fonte da qual queremos nos abastecer se encontra para além de uma solução de continuidade; trata-se, então, da *apropriação de uma origem em relação* à *qual nos sentimos estrangeiros ou alienados* — em particular, as fontes antigas.

A SECUNDARIEDADE CULTURAL

Essa atitude "romana" permite formular o que me parece ser uma particularidade da civilização europeia. Quero falar de certa relação com a secundariedade cultural.

Entendo com esse segundo termo, em primeiro lugar, o fato de que toda cultura é segunda. É assim para todos os que levam a sua marca: mesmo se ela é adquirida na mais tenra infância, o que a faz parecer "muito natural", a cultura é adquirida e jamais inata. Além disso, no nível coletivo, toda cultura é herdeira daquela que a precedeu. Nesse sentido, toda cultura é terra de imigração. Mas a secundariedade cultural parece ter, no caso da Europa, uma dimensão suplementar. A Europa, de fato, tem essa particularidade de ser, por assim dizer, estrangeira a si mesma. Quero dizer com isso que o caráter secundário da cultura apresenta-se aí não somente como um fato, mas é explicitamente conhecido e deliberadamente desejado.

Acabamos de caracterizar a história da civilização europeia desde o nascimento da Europa como uma série quase ininterrupta de renascimentos. Porém, o que é notável, como vimos, é que o esforço de retorno à origem visa a outra coisa que as recuperações culturais ou os *"revivals"* religiosos que atravessam todas as civilizações; ele não tende a um período primitivo, não é um retorno ao que é próprio à cultura e que teria existido em toda sua pureza nas origens fundadoras. Ao contrário, esse esforço tende a uma cultura situada fora da cultura europeia — nesse caso, na Antiguidade greco-latina.

Essa situação de secundariedade em relação ao passado a que visam os "renascimentos" é própria à Europa no sentido estrito, tal qual a definimos. Bizâncio nunca a conheceu. Sem dúvida, podemos identificar na história cultural do mundo bizantino uma tradição "humanista" ininterrupta. Podemos ver suceder-se uma série de "renascimentos" que constituem o contraponto dos acontecimentos análogos ocorridos na Europa: retomada dos estudos filológicos e literários no século IX, com Fócio, ou no século XIV sob os Paleólogos, reivindicação da herança filosófica platônica ou aristotélica no século XI com João Ítalo e

Miguel Pselo, ou sonho de um neopaganismo em Jorge Gemisto Pletão no século XV. Mas a grande diferença é que, para os gregos bizantinos, o helenismo é considerado o seu próprio passado. Teodoro Metoquita pode ainda afirmar: "nós somos os compatriotas dos antigos helênicos pela raça e pela língua".[194] Para eles, trata-se apenas de apropriar-se de algo que sempre lhes pertenceu.

Houve nas terras do islã tentativas de restaurar um saber visto como forasteiro, aliás muito explicitamente identificado com o nome de "ciências exteriores" — diferentemente das "ciências tradicionais" agrupadas em torno do Alcorão e do que facilita a sua exegese (gramática, poesia, etc.). Elas são encontradas justamente na época em que se traduziam os livros que tratavam delas. Assim, Al-Farabi apresenta um esquema da história da transmissão do saber filosófico que supõe este esforço: o saber passa dos caldeus, antigos habitantes do Iraque, até os árabes passando pelos egípcios, gregos e sírios (cristãos). Além disso, ele associa a posse das regras internas da prática filosófica à arte política que permitiria restaurá-la caso viesse a se perder ou a se corromper.[195] Tudo leva a crer que ele concebeu sua própria atividade como preparação de uma restauração da filosofia depois do seu eclipse. Mas a época desse tipo de tentativa foi bastante breve, elas mudaram repentinamente e as "ciências tradicionais" ficaram praticamente sozinhas na disputa depois da normatização sunita do século XI. A vida intelectual se esgotou por recusa ou incapacidade de se abrir a novas fontes.[196]

---

[194] Citado, sem referência, por: C. Diehl, *Études byzantines* [...], Paris: Picard, 1905, p. 398.

[195] *Tahsîl as-Sa'âda* [§65], ed. Yasin, Dâr al-Andaloss, Beirute, 1983, p. 97; [IV, §63], tr. inglesa M. Mahdi, *The Philosophy of Plato and Aristotle*, Cornell U.P., 1969, p. 50. Acerca da origem grega da filosofia dos árabes: *Kitâb al-Hurûf*, II, §156, ed. Mahdi, Dâr al-Machreq, Beirute, 1969, p. 159.

[196] Podemos nos divertir fazendo o paralelo com a teoria de M. Lombard acerca da economia do mundo muçulmano, dificultada segundo ele por um esgotamento das fontes naturais internas.

Quanto à cultura europeia, ela é no seu todo um esforço de retornar a um passado que nunca foi seu, mas em relação ao qual houve uma espécie de queda irrecuperável, um "estranhamento" dolorosamente percebido. Não precisamos nos deter aqui no que essa visão do passado tem de fictícia. Não ignoro que aquilo que chegou até nós da cultura antiga é o resultado de um trabalho de seleção efetuado desde a época alexandrina, e que a imagem que temos de sua totalidade generaliza abusivamente a partir de obras-primas para supor um "mundo antigo" que estaria inteiramente à sua altura.[197] Mas apenas é decisiva para mim a consciência de sermos retardatários e de sermos obrigados a retornar a uma fonte que "nós" não somos e que nunca foi "nós". Essa consciência tem por desdobramento um deslocamento da identidade cultural da Europa de tal modo que esta não tem outra identidade senão uma identidade excêntrica.

---

[197] Cf., *supra*, cap. IV, p. 83.

CAPÍTULO VI
PARA UMA HIGIENE DO PRÓPRIO

Buscar o próprio da cultura europeia não é uma tarefa que possamos executar sem precauções, pela própria natureza dessa pesquisa. Até mesmo a palavra "próprio" tem conotações equívocas. Com efeito, ela designa, pelo menos em francês, ao mesmo tempo o antônimo de sujo e de impróprio; e pode ser que esses dois sentidos tenham uma ligação profunda.[198] Em todo caso, a remissão àquilo que uma cultura tem de próprio pode incitar a excluir o que não é ela — como "sujo" estrangeiro. Porém, o modelo aqui proposto de relação consigo e com o outro me parece impossibilitar, no nível dos princípios, toda atitude dessa natureza. Igualmente, parece-me que ele corta pela raiz outras perversões culturais. Antes de demonstrá-lo, recordemos inicialmente de que forma a Europa possui uma relação específica com a cultura.

MINHA CULTURA COMO OUTRA
Essa relação específica é uma consequência do fenômeno da secundariedade cultural, com a acuidade que ela tem na Europa, como vimos. A cultura não pode ser, para o europeu, algo que ele possui e que constitui a sua identidade.

---
[198] J. Derrida, *L'écriture et la différence*, Paris: Seuil, 1967, p. 272.

Ao contrário, ela será algo fundamentalmente estrangeiro que demandará, portanto, um esforço de apropriação. Apenas pelo desvio do anterior e do estrangeiro o europeu acessa aquilo que lhe é próprio.[199]

Por isso, abstemo-nos de retornar com satisfação aos tesouros culturais gregos, latinos ou judeus como se se tratassem de um rendimento que justificasse a preguiça do beneficiário, ou como para fazer "uma vistoria no jardim do passado". Podemos admirar, e com razão, a racionalidade e a democracia gregas, a ordem romana, o sentido judeu da transcendência, etc. Mas sua enumeração já irritante como clichê torna-se suspeita quando se trata de atribuir-lhes a si próprio com autossatisfação. Foi assim que pudemos ouvir um diplomata soviético, em busca de uma justificativa para a política anti-chinesa da URSS,[200] se enternecer com as fontes da cultura europeia: "o tesouro e o apanágio únicos da nossa civilização cristã ocidental [...]; vocês e eu pertencemos à mesma cultura, fomos nutridos nas mesmas fontes [...] a Grécia! O cristianismo!"...

Na verdade, a cultura europeia nunca pode, no rigor dos termos, ser "a minha", pois nada mais é do que o caminho a percorrer indefinidamente que leva a uma fonte estrangeira. Não poderíamos falar, como W.R. Gibbons, da "nossa bela civilização ocidental".[201] Mas importa localizar o erro com precisão: é verdade que essa civilização é "bela", ou "admirável"; o que é falso é crer que ela é "nossa". A cultura não é uma origem pacificamente possuída, mas um fim conquistado com muita luta.

É necessário, assim, retornar ao sentido derivado da palavra "cultura", aquele que venho empregando aqui,

---

[199] Cf. Hölderlin, Carta de 4 de dezembro de 1801 em Böhlendorff (GSA, VI - 1, p. 425).

[200] Cf. S. Leys, *Ombres chinoises*, Paris: UGE, 1974, p. 267.

[201] Hergé, *Le lotus bleu*, p. 7

no sentido original, a *cultura animi* dos latinos.[202] Talvez seja até mesmo conveniente protestar contra a extensão indevida desse sentido que chama de "cultura" qualquer modo de se comportar recebido dos antepassados e do meio ambiente.

DO BOM USO DA AUTENTICIDADE

Para a Europa, a fonte é exterior. Isso é um feliz acaso. Porque não é saudável recordar seu próprio passado glorioso, recordar um passado glorioso *que é o seu*. Esse tipo de ruminação não pode deixar de fomentar um ressentimento que se volta alternativamente contra si próprio e contra o outro, e que tem efeitos paralisantes. Pois se o que foi grande já era eu mesmo, será mister indagar por que razão decaí em relação àquela grandeza. Para evitar o moroso retorno a si próprio, seremos tentados a encontrar essas razões fora, na malícia desse ou daquele "outro". Acusar o externo permite esquivar-se das causas internas, as únicas, no entanto, de que podemos tratar. Poupa-se, assim, o esforço próprio e penoso que requereria esse tratamento.

Por exemplo, para falar apenas das civilizações que foram abordadas aqui, o mundo árabe conheceu, desde vários séculos, um período de regressão, ou ao menos uma estagnação relativa, claramente em retirada em relação aos esplendores da Bagdá do século IX. Com frequência, ele responsabiliza por isso os turcos, culpados de terem restabelecido uma estrita ortodoxia sunita, depois os mongóis, culpados de terem destruído Bagdá em 1258, em seguida a colonização ocidental — ou mesmo os judeus. Outro exemplo: a civilização bizantina perdeu seu poder político e até mesmo a capital que lhe dava nome. Seus herdeiros acusam o inimigo hereditário turco, mas também os latinos, culpados da "facada nas costas" de 1204.

---

[202] Cf. Cícero, *Tusculanae*, II, 5, 13.

É exatamente em virtude da mesma lógica que funcionam muitas sensibilidades no Ocidente de hoje: os franceses acusarão os anglo-saxões da perda do domínio que a língua deles exercia na cultura europeia; os europeus como um todo rejeitarão o desemprego ou a insegurança de suas periferias por causa da presença de imigrantes estrangeiros; os ocidentais, tanto europeus quanto americanos, buscarão responsáveis pela diminuição relativa da sua parte do mercado mundial acusando os japoneses e os "quatro dragões", etc.

Se o modelo a imitar deve ser exterior, a grandeza a recordar deve ser a do outro. A evocação das grandezas passadas me parece um remédio são ou um veneno perigoso, de acordo com a sua aplicação a si próprio ou ao outro. Por exemplo, os eruditos ocidentais que cantam as glórias da civilização do islã no seu apogeu, dos seus avanços científicos, da sua "tolerância", ou o refinamento intelectual e artístico da Bizâncio medieval são sem dúvida animados por um sentimento muito louvável de uma injustiça a reparar. Pode ser, no entanto, que o resultado seja contrário ao objetivo desejado, e que eles favoreçam com isso sonhos nostálgicos, no fundo bastante debilitantes, nos herdeiros dessas civilizações. Em contrapartida, a recordação das grandezas passadas do islã ou de Bizâncio — para não falar da Índia ou da China — é uma das mais salutares para a própria Europa, convidada a considerar-se com um mínimo de modéstia.

PARA AS BOAS MANEIRAS À MESA NO CANIBALISMO CULTURAL

Podemos aplicar as mesmas observações numa tonalidade negativa. O passado de uma cultura nunca é inteiramente rosa. Uma civilização inocente existe apenas nos sonhos daqueles — pertencendo-lhe ou não — que a conhecem mal. Isso também vale para a Europa. Vale ainda mais para ela, pois suas relações com o resto do mundo, desde o Renascimento, foram relações de conquista e de ocupação. Põe-se, então, a questão acerca do que se deve fazer com esse passado. Não apenas a Alemanha, mas a Europa inteira tem um problema para "superar o seu passado". E é uma honra para a Europa ter historiadores que lhe recordem sempre com maior precisão o que foi verdadeiramente esse passado.

Não se trata de se livrar da questão remetendo os outros aos aspectos negativos que encontrarão sempre em seu passado, bastando buscar um pouco. O "você fez pior!" permanece infantil mesmo entre civilizações. Seremos melhor inspirados se buscarmos causas objetivas mais sóbrias, sejam elas conscientes, como a superioridade do armamento, ou involuntárias, como estirpes microbianas mais virulentas. Resta, no entanto, afrontar o passado sem contaminar o arrependimento com uma culpabilidade paralisante que impede até mesmo de reparar o que pode ser reparado.

Hegel um dia notou que fazemos como os selvagens que matam seus velhos pais.[203] Franz von Baader especificou em algum lugar o que fazemos com eles: "Todos os homens são naturalmente antropófagos". Entendamos que toda cultura se alimenta do que a precedeu. Mas é preciso ainda saber portar-se à mesa. Ora, sob esse aspecto é notável que a Europa tenha tirado desse canibalismo talvez inevitável, e no qual ela não se comportou melhor do que qualquer outra civilização poderosa, algo para suscitar uma reflexão crítica sobre si mesma. Como de costume, uma cultura reflete acerca dela mesma quando é constrangida a interrogar-se por uma situação de inferioridade. Temos exemplos disso em todos os lugares onde os europeus intervieram nas civilizações exteriores e, sem modificá-las com um transporte massivo de população, obrigaram-nas a se abrir (mundo árabe, África, Índia, Extremo-Oriente).

---

[203] Hegel, *Jenenser Realphilosophie*, Hamburgo: Hoffmeister, 1967, p. 202, n. 3.

Mas a Europa apresenta esse caso, talvez único, de uma reflexão sobre si motivada por uma relação com povos que justamente acabava de vencer, cujas terras acabava de conquistar. Assim, as *Cartas Persas* de Montesquieu ou as *Cartas Marroquinas* de Cadalso são um fenômeno exclusivamente europeu. O gênero literário que essas obras representam, ao qual poderíamos anexar todo o mito do "bom selvagem", é na verdade a transposição um tanto bastarda de reflexões muito mais profundas cujo estopim foi sem sombra de dúvida a descoberta da América. Conhecemos as reflexões de Montaigne acerca dos índios.[204] E as extrapolações dos literatos se baseiam no imenso tesouro de observações de primeira mão colhidas pelos missionários.[205] A derrota exterior tornava-se, aos olhos dos pensadores, uma vitória: a Europa tentava ver através dos olhos do estrangeiro, como se ela não fosse óbvia e não constituísse necessariamente a única, e menos ainda a melhor, das soluções ao problema humano. É que a Europa já tinha em si mesma, na sua relação com as fontes clássicas, o que lhe faltava para sentir-se inferior.

IDENTIDADE CULTURAL?

O esclarecimento do vocabulário exigido acima a propósito da palavra "cultura" não se faz unicamente por purismo. Com efeito, ele implica que submetamos a expressão difundida de "identidade cultural" a um exame mais aprofundado. E, em particular, que interroguemos em qual sentido aquilo que muitas vezes entendemos por isso merece respeito.

Se a palavra "cultura" remete, conforme seu sentido original, ao esforço pessoal para enobrecer o espírito elevando-se até um modelo clássico, ela indica um enriquecimento da

---

[204] *Ensaios*, I, 31: "Des cannibales".

[205] Penso no imenso sucesso de *Lettres édifiantes et curieuses*.

identidade daquele que aceita tomar sobre si esse esforço. Nesse caso, a identidade cultural merece refletir um pouco do respeito no sentido mais forte do qual somente a pessoa pode se beneficiar. Aliás, é porque a cultura se integra à pessoa que ela se torna uma pessoa. Por outro lado, muitas vezes nos servimos do termo "cultura" para designar antes o peso do pertencimento, o lastro de tudo que não é escolhido, mas recebido. Nesse caso, podemos experimentar por essa cultura, no máximo, uma educada simpatia, jamais um verdadeiro respeito. Poderemos respeitar não a cultura em si, mas as pessoas que a portam, e mais "apesar dela" do que "por causa dela". Em sentido inverso, afirmar uma "identidade cultural" desse gênero poderá ser uma reação escusável, sobretudo se por parte de uma minoria que, perdida numa massa heterogênea, sente-se ameaçada por esta. Mas nenhuma cultura poderia reivindicar a dignidade de uma pessoa. E pode ser que essa dignidade tenha de ser defendida contra uma cultura que a denigra, e contra a tentação de reencontrar suas "raízes" — isto é, como diz a imagem, de regressar à estúpida imobilidade do vegetal.

Numa palavra, é mister distinguir o que é "nosso" e o que é bom. O próprio não é necessariamente o bom. Já é errado dizer *"my country, right or wrong"*. A mesma fórmula, aplicada ao que cada um chama "sua cultura", produz efeitos igualmente perversos. Enquanto francês, orgulho-me de ser herdeiro de uma nação de traidores: os gauleses que foram suficientemente inteligentes para se deixarem privar de sua autenticidade — com o charmoso costume do sacrifício humano, dentre outros — em prol da civilização romana.

O INTERESSE DO DESINTERESSE

Dado que não somos as fontes da cultura europeia, nada nos leva a limitar o estudo delas aos ocidentais. Assim, a distância entre os gregos e nós não é, a princípio, menor do que aquela que os separa das outras culturas modernas. O aprofundamento do conhecimento que temos delas conduz, tanto o indivíduo quanto a comunidade científica, a tomar uma maior consciência ao mesmo tempo de sua estranheza. Apropriar-se delas conduz o europeu moderno a uma desapropriação de si tão grande quanto o africano ou o chinês. Dessa maneira, estudar os clássicos não é de modo algum se ocidentalizar. Outrora os *campi* californianos ecoavam slogans visando a traduzir nos programas universitários a reivindicação política em favor das minorias. Era mister completar, ou ainda substituir, o estudo de autores homens de raça branca por escritoras de sexo feminino e/ou de cor. Essa atitude não pode deixar de ser fomentada, como a ofensa chama a vingança, por uma reivindicação indevida de exclusivismo da herança antiga da parte do Ocidente moderno. As duas atitudes são a cara e a coroa de uma mesma (falsa) moeda.

Não se trata, portanto, de sugerir aos povos extraeuropeus o estudo das obras clássicas porque a compreensão delas permitiria compreender melhor o Ocidente. Trata-se de fazê-los observar, "eles" mas também "nós", que essas obras são simplesmente suscetíveis de lhes interessar. A questão acerca de quais clássicos é preciso estudar, ou ainda acerca dos autores que devem ser considerados clássicos, não tem que ver com a adesão ou não à tradição de que nos sentimos herdeiros. É melhor estudar Sófocles ou Calidaça, Homero ou Edda, Platão ou Confúcio? O melhor, se se trata de decidir entre autores provenientes de duas tradições diferentes, seria talvez perguntar ao representante de uma terceira tradição o que lhe parece mais enriquecedor. Mas o único critério definitivo é o interesse interno. A pergunta nunca deveria ser se um autor pertence ou não à nossa tradição, ainda menos se era do mesmo sexo ou raça que nós. A única pergunta legítima é se um autor vale a pena ser estudado por si mesmo.

Aliás, isso é o que os próprios europeus fizeram no passado: não estudaram os clássicos gregos e latinos porque eram as fontes da Europa, e portanto deles mesmos, de modo que estudá-los significava melhor conhecer-se e melhor afirmar-se na sua particularidade. Muito pelo contrário, eles os estudavam, assim como estudavam os pensadores muçulmanos ou judeus, porque os achavam verdadeiros, belos, interessantes, etc. Poderíamos, assim, encontrar uma forma de lei cultural segundo a qual a apropriação de uma fonte só é fecunda quando é desinteressada. Em termos brutais, só recompensa o que é gratuito.

Da mesma forma, no campo religioso, a fé só produz seus efeitos quando permanece fé, e não um cálculo. A civilização da Europa cristã foi construída por pessoas cujo objetivo jamais foi construir uma "civilização cristã", mas tirar o máximo das consequências de sua fé em Cristo. Nós a devemos a pessoas que acreditavam em Cristo, não a pessoas que acreditavam no cristianismo. Essas pessoas eram cristãs, e não o que se poderia chamar de "cristianistas". Um belo exemplo vem do papa Gregório Magno, cuja reforma lançou as bases da Idade Média europeia. Ele acreditava que o fim do mundo estava próximo. E este, no seu espírito, devia de qualquer modo retirar de toda "civilização cristã" o espaço no qual se desenvolver. O que ele construiu, e acabou durando pelo menos um milênio, era apenas um modo de funcionamento provisório, um modo de organizar uma casa que deixaríamos.[206] Em vez disso, os que se propõem a "salvar o Ocidente cristão" adotam, às vezes, uma prática que se situa fora daquilo que a ética cristã autoriza.

UMA PARÁBOLA

Quanto à questão da identidade cultural da Europa, podemos talvez responder com uma parábola. Extraio-a

---
[206] Cf. toda a 3ª seção "Escathologie" de: C. Dagens, *Grégoire le Grand. Culture et expérience chrétienne*, Études Augustiniennes, Paris. 1977.

de uma passagem de um autor anterior ao cristianismo, a fim de identificar um aspecto da experiência europeia que não se explica por este. Trata-se de Heródoto.[207] O rei da Pérsia, Dario, busca mostrar como o costume (*nomos*) reina sobre todos os homens, pois todos consideram seus próprios hábitos os melhores que existem. Ora, esses hábitos se opõem uns aos outros, já que o que se pratica por uns é uma abominação para outros. Para demonstrá-lo, Dario convoca gregos e representantes de um povoado indiano, e interroga ambos acerca de seus costumes funerários e de sua disposição a mudá-los. Os gregos, que nessa época incineravam seus mortos, explicam que, custe o que custar, eles não os comeriam. Os indianos, que devoram seus cadáveres, gritam que não os queimariam por nada no mundo. Os dois grupos parecem estar no mesmo plano, essa é a conclusão aparente de Heródoto.

No entanto, dois traços distinguem os gregos: eles escutam em silêncio a pergunta do rei e respondem-na com calma, ao passo que os indianos abafam-na com seus clamores indignados e pedem a Dario que se cale. Por outro lado, os gregos compreendem, por intermédio de um intérprete, o que se pergunta aos indianos. Assim, os gregos também podem estar tão ligados aos seus costumes particulares — diríamos, à sua "autenticidade" — quanto outros povos. Mas pelo menos eles aceitam tomar conhecimento daquilo que não faz parte deles, conscientizar-se do caráter contingente da sua particularidade, abrir-se ao resto do mundo. Desse modo, as outras culturas são traduzíveis e suscetíveis de serem elevadas ao universal pela linguagem. O intérprete anônimo aqui é o símbolo daquilo que o próprio Heródoto não cessa de fazer nas suas *Histórias*. No nível dos costumes funerários, essa elevação ao universal encontra, aliás, sua imagem na incineração, por meio

---

[207] Heródoto, III, 38, 3. Inspiro-me aqui em: S. Bernadete, *Herodotean Inquiries*, Nijhoff, Haia, 1969, p. 80.

da qual o corpo, aquilo que nos singulariza, encontra-se abolido. Por outro lado, a ingestão simboliza uma ligação indissolúvel àquilo que nos é próprio.

A atitude que ilustra Heródoto, e que não é a regra na Grécia antiga, foi retomada pela Europa. Esta encheu-a daquilo que a religião lhe fornecia, na verdade, de valor concedido ao caráter secundário. Ela permanece válida como programa de certa relação da Europa com o que lhe é próprio: uma relação aberta ao universal. Podemos formulá-la retomando, ainda que de forma atenuada, um célebre jogo de palavras de Ortega y Gasset. De volta da América, ele respondeu aos que questionavam o porquê de seu retorno: "*Europa es el único continente que tiene un contenido*". A Europa é um continente que tem um conteúdo, e ela é o único. A fórmula soa orgulhosa. Talvez o fosse para Ortega. Para mim, se a compreendemos bem, é o contrário. Com efeito, é preciso dar-se conta igualmente do que supõe "ter um conteúdo": justamente que podemos "ter" um conteúdo, e que, portanto, não "somos" esse conteúdo, que não nos identificamos totalmente com ele. Podemos, então, retornar à fórmula: o conteúdo da Europa é justamente ser um contentor, ser aberta ao universal.

Isso se aplica tanto à Europa, enquanto civilização, quanto ao indivíduo, aos substantivos próprios que nela habitam. Nossos nomes são, na esmagadora maioria, nomes de pessoas. Raras são as exceções, os adjetivos (Constâncio, Amado, etc.). Aliás, temos aí o resultado concreto da secundariedade cultural: os nomes próprios judeus ou pagãos que podem ter um sentido em hebraico (João, etc.), em latim (Marcos, etc.) ou em germânico (Bernardo, etc.) foram retomados pelos cristãos, mas seu sentido primitivo foi esquecido. Diferentemente da grande maioria das civilizações, nas quais os nomes têm um significado — evidentemente laudativo — *a priori*, o europeu possui sua identidade apenas como um quadro vazio que ele terá de preencher.

O CRISTIANISMO COMO FORMA DA CULTURA EUROPEIA

Podemos extrair dessas reflexões algumas conclusões que convidam a repensar o lugar do cristianismo na cultura europeia. Todo mundo admite a evidência de que ele está largamente presente nela, e o destacamos, por boas ou más razões, para nos felicitarmos ou nos queixarmos dele. Consideramo-lo, pois, parte do conteúdo da cultura europeia. Ele constitui uma parte dela, ao lado de outros elementos, como, principalmente, a herança antiga ou judaica.

Porém, em vez disso, tentei mostrar como o cristianismo também constitui mais profundamente a própria forma da relação europeia com a sua herança cultural. A meu ver, o modelo cristão de atitude para com o passado, tal qual ele se funda no nível religioso no caráter secundário do cristianismo face à Antiga Aliança, estrutura o conjunto dessa relação.

Gostaria, então, de ressaltar que sentido pode assumir nesse contexto o esforço para manter, ou acentuar, a presença cristã na Europa. Se essa presença tivesse que ver apenas com o conteúdo da cultura europeia, com um elemento dentre outros, perguntaríamos por que atribuir-lhe mais peso do que a outro. Seria preciso escolher, por exemplo, privilegiar o cristianismo em relação ao judaísmo ou ao paganismo. As razões que alegaríamos para tanto seriam mais ou menos convincentes. Pois poderíamos observar que toda escolha é mutilante, ou que o desenvolvimento histórico do cristianismo se realizou ao preço de uma repressão de outros modelos culturais, que permaneceram puramente virtuais. Podemos destacar esse ponto num contexto polêmico e recordar que essa repressão por vezes foi violenta.[208] Mas mesmo o espírito mais bem intencionado para com o cristianismo não escaparia à nostalgia que

---

[208] Cf. Nietzsche, *Der Antichrist*, §59 (KSA 6, 247–249).

aparece em toda parte onde foi preciso escolher entre várias possibilidades, e, portanto, conservar apenas uma delas.

Na realidade, caso a tese deste ensaio se afigure justa, será preciso levantar o problema de modo muito diverso. Para mim, o cristianismo é, em relação à cultura europeia, menos seu conteúdo do que sua forma. Consequentemente, longe de ter de escolher entre diversos componentes desta, dentre os quais o cristianismo, é a sua presença que permite que os outros existam. Em certos casos, o fenômeno é palpável. Assim, quer o reconheçamos para glorificá-lo quer para criticá-lo (o que se faz do lado protestante), o catolicismo funcionou historicamente como conservador do paganismo na cultura europeia. Foi a arte do Renascimento que garantiu a "sobrevida dos antigos deuses" (J. Seznec). Mas o paganismo está aí neutralizado, mais exatamente conservado na sua neutralidade moral, "demoníaca". Uma tentativa de ressuscitar o paganismo fora do catolicismo logo assumiria traços suspeitos, ou completamente demoníacos. Certificamo-nos disso de modo quase sensível comparando as estátuas gregas autênticas ou imitadas pelo Renascimento com as cópias delas no Fórum Mussolini, em Roma, ou as de Arno Breker...

Assim sendo, um esforço em favor do cristianismo não tem nada de partidário ou interessado. Com ele, é o conjunto da cultura europeia que se encontra protegido.

CAPÍTULO VII
O EUROCENTRISMO É EUROPEU?

Adquirimos o hábito de jogar em cima dos europeus o termo em voga de "eurocentrismo". Sem dúvida, a Europa olhou para outras civilizações a partir de seus próprios preconceitos. Defeito que ela compartilha com todas as outras culturas, sem exceção, e mesmo com todos os seres vivos. No entanto, nenhuma outra civilização foi ao mesmo tempo tão pouco centrada em si mesma e tão interessada por outras quanto a Europa. A China se chamou "o Império do meio". A Europa nunca o fez. Falar de "eurocentrismo" não é somente falso; é o oposto da verdade.

EUROCENTRISMO
Lamento ser obrigado a confessar que não consegui identificar com exatidão quem forjou pela primeira vez a palavra "eurocentrismo", e com qual intenção precisa. Após uma pesquisa, que confesso ter sido muito rápida, não pude ir além de um livro com este título publicado em 1988 pelo economista franco-egípcio Samir Amin (nascido em 1931).[209]

Obviamente, o termo combina dois substantivos: "Europa", abreviado para formar uma espécie de prefixo,

[209] S. Amin, *L'Eurocentrisme: critique d'une idéologie*, Paris: Anthropos, 1988.

"centro", e o sufixo "-ismo". Este acrescenta uma nuança pejorativa. Ele implica que é errado, ou falso, considerar a Europa o centro do mundo. De forma análoga, "geocentrismo" é o nome dado à cosmologia geocêntrica de Ptolomeu, uma vez descoberta a sua falsidade.

Entendo o termo "centrismo" como referência a um fenômeno de natureza intelectual. De fato, para descrever o comportamento concreto dos povos europeus em relação ao resto do mundo, não faltam outras palavras, e palavras que são mais precisas que "eurocentrismo". Algumas delas são puramente descritivas, como "colonização". Outras indicam a atitude interior que supostamente possibilitou esse comportamento, como "imperialismo". Na maioria das vezes, elas implicam um julgamento de valor, que é negativo.

Portanto, usarei aqui a palavra "eurocentrismo" para designar o modo como os europeus olham para outras culturas desde o seu próprio ponto de vista e as avaliam de acordo com seus próprios critérios.

O "CENTRISMO" COMO FENÔMENO UNIVERSAL

O que eu gostaria de chamar de "centrismo" aqui é um fenômeno comum entre as culturas. Se nos for permitido traçar um paralelo entre fenômenos culturais e biológicos, o que só pode ser feito com cautela, uma visão "centrista" das coisas é uma característica comum a todos os seres vivos. Eles não recebem seu ambiente como é. Seu aparelho perceptivo seleciona o que é "interessante" para eles na constante luta pela vida, ou seja, o que pode ser um perigo, como os predadores, ou o que pode ser útil para o indivíduo ou para a espécie, como alimentos e parceiros sexuais, etc.

O mesmo pode ser dito, *mutatis mutandis*, das sociedades humanas. Muitas delas consideram que coincidem com a humanidade. Seus membros são chamados de "homens" *tout court*, enquanto outros povos são animais.

Cada cultura olha para as outras a partir do seu próprio ponto de vista. Claude Lévi-Strauss conta em algum lugar a história de um índio do Brasil central que foi levado para o Rio de Janeiro. Quando interrogado acerca das diferenças entre os índios e os "europeus", ele diz que a principal é que os índios não colhem flores.[210]

A Europa não é exceção. O que distingue o "centrismo" europeu de outros exemplos da mesma atitude é de natureza puramente quantitativa. O fato de que a Europa tenha conquistado o mundo inteiro necessariamente inflou a visão europeia das coisas dando-lhe dimensões gigantescas. Por certo, poderíamos invocar a famosa "lei" do materialismo dialético, segundo a qual a quantidade deve se tornar qualidade. E poderíamos argumentar que um salto desse tipo não pode deixar de ocorrer quando uma determinada visão de mundo é tão amplamente aceita que seus possíveis rivais são automaticamente desclassificados.

Portanto, se tivesse de responder à pergunta acerca do eurocentrismo da Europa com um sim ou um não sem nuanças, reconheceria sem sombra de dúvida que o eurocentrismo existiu e continua a existir. Mas o reconheceria como um fato banal que não merece atenção. É fácil fazer uma lista daquilo que testemunha essa atitude eurocêntrica, desmascará-la e insurgir-se contra ela. Há pessoas que acham isso interessante. Quanto a mim, os resultados desse tipo de pesquisa, apresentada como uma façanha de erudição e de penetração filosófica, têm o tédio insuportável de arrombar portas abertas.

A EUROPA EXCÊNTRICA

Vejamos agora o outro componente da palavra que estou tentando analisar, ou seja, o prefixo "euro". Invertendo a pergunta, indagamos agora: admitindo que a Europa é

---

[210] Lamento não ter encontrado a referência exata. Um artigo de J.-F. Lyotard leva esse título.

eurocêntrica, o eurocentrismo é tipicamente europeu? Minha resposta seria, então, um "não" resoluto.

Que eu saiba, a secundariedade cultural e a excentricidade não ocorrem fora da Europa. Não gostamos de admiti-lo, em virtude de uma dificuldade que foi formulada em sua generalidade por um grande historiador do direito: "apesar das provas decisivas, é muito difícil para um cidadão da Europa Ocidental convencer-se realmente desta verdade de que a civilização ao seu redor é uma exceção rara na história mundial".[211]

Para mostrar mais uma vez a excentricidade europeia, procederei indiretamente. Ser excêntrico leva necessariamente a uma maneira excêntrica de enxergar a si mesmo. Os teóricos literários russos do período anterior à Primeira Guerra, os chamados "formalistas", desenvolveram o conceito de singularização (остранение) para exprimir a essência da literatura: enquanto a experiência cotidiana inevitavelmente se desgasta, o escritor permite ao leitor olhar para ela com novos olhos, aplicando toda uma série de procedimentos que a fazem parecer estranha a ele.[212] Mais tarde, a ideia foi retomada por Brecht com sua famosa *Verfremdung*, o "distanciamento". Agora, vou tentar mostrar que a cultura europeia, enquanto tal, traz em si fenômenos que podem ser agrupados sob o título de "distanciamento".

Para fazê-lo, vou me concentrar na Idade Média. Por um lado, porque essa é a minha área de incompetência mínima. Mas também porque, como esse período é anterior à expansão ultramarina da Europa, será mais fácil compreender as características de sua cultura num estado, por assim dizer, de pureza química, não perturbado pelo fenômeno do choque vindo dos países que mais tarde conquistou.

---

[211] H. S. Maine, *Ancient Law* (1861), ed. J. H. Morgan, London, Dent, 1970, pp. 13–14.

[212] V. Chklovski, *L'art comme procédé* (1917).

Destacarei três aspectos, os quais abordarei em brevidade decrescente.

LONGE DE TUDO

Primeiramente, o próprio lugar que os europeus sabiam que ocupavam no mapa-múndi estava longe de ser central. Se olharmos os mapas medievais,[213] veremos uma concordância fundamental entre cartógrafos europeus, bizantinos e muçulmanos. A figura do mundo, naturalmente como era então conhecido, difere apenas em detalhes. Em cada caso, o centro do mundo está localizado em algum lugar do Oriente Médio. Além disso, um centro é mais do que geometria. Ele designa um ponto de referência. E o centro matemático nem sempre coincide com o que gostaria de chamar de centro axiológico. Mostrei isso em outro lugar, a propósito da cosmologia pré-copernicana.[214] Agora, esse centro, para o homem medieval, não é absolutamente a Europa, mas novamente o Oriente Médio: para judeus e cristãos é Jerusalém, para muçulmanos é Meca. E não Roma, muito menos Aachen ou Paris.

É o que demonstra um versículo famoso de um judeu medieval, apologista da sua religião, Yehudah Halevi, que viveu na Andaluzia e morreu em 1140, em Alexandria, a caminho da Terra Santa. Ele escreve: "meu coração está no Oriente, mas moro no mais distante Ocidente". Aqui o coração é mais do que uma metáfora da afetividade. Halevi não quer dizer apenas que suas aspirações conduzem-no à Cidade Santa de Jerusalém. A palavra hebraica *lev* certamente tinha esse significado, dentre muitos outros, na língua antiga. Mas ela assumiu uma nuança que ainda não

---

[213] Ver, por exemplo, o mapa de Maurolico em: F. Bertola, *Imago mundi. La représentation de l'univers à travers les siècles*, Bruxelas: La Renaissance du Livre, 1996, p. 130.

[214] R. Brague, "Le géocentrisme comme humiliation de l'homme", in: *Au moyen du Moyen Âge. Philosophies médiévales en chrétienté, judaïsme et islam*, Chatou, La Transparence, 2006, pp. 261–284.

possuía nos tempos bíblicos, já que fora emprestada do árabe *lubb*. Essa palavra designa a polpa de uma fruta. No uso medieval, é uma imagem comum para designar o ponto mais íntimo de um ser. É o caso dos escritos do próprio Halevi, especialmente em sua obra-prima, a *Kuzari*, na qual a ideia tem um papel decisivo: nela reivindica para Israel o lugar de "coração" da humanidade.[215] O que Halevi quer dizer em seu poema é que seu centro de gravidade, seu ponto de referência, o núcleo duro de sua identidade religiosa está no Oriente, neste caso em Jerusalém, enquanto sua residência concreta, o lugar de seu corpo, é a Espanha.

O INTERESSE

Em segundo lugar, afirmo que a Europa é a única cultura medieval que se interessou por outras culturas. Começo qualificando essa tese, que é um pouco rígida; falei de uma cultura como de um sujeito, e disse que a cultura europeia fez isso, ou não fez aquilo, e assim por diante. Trata-se obviamente de uma abreviação de expressões com mais nuanças que pessoas mais competentes do que eu poderiam formular de forma mais adequada. Indivíduos podem ser os sujeitos de ação e, até certo ponto, os grupos sociais. O que quero dizer com "a cultura europeia fez isso", etc. poderia ser desenvolvido assim: certa prática foi comumente aceita durante um longo período e por grupos sociais numerosos e influentes.

No entanto, certamente podemos encontrar exemplos em culturas anteriores ou fora da Europa de indivíduos que se interessaram por outras culturas além da sua e tentaram estudá-las honestamente. Foi exatamente isso que Heródoto fez na Grécia antiga quando falou do Egito, da Pérsia, da Líbia ou dos Sírios. Al-Biruni (falecido em 1053) fez o mesmo no islã persa medieval com seu extraordinário

---

[215] Yehudah Halevi, *Kuzari*, I, 95; II, 12; IV, 15, etc.

livro sobre a Índia. Ele refletiu até mesmo sobre o provincialismo, uma falha que atribuiu, aliás, aos indianos de seu tempo. Para eles, seu país era a terra inteira, seu povo era toda a humanidade, seus chefes eram os únicos reis, sua seita era a única religião, e o que eles sabiam era a única ciência.[216] Mas pessoas como Heródoto ou Al-Biruni permaneceram estrelas cadentes e não deixaram nenhuma posteridade intelectual. Uma andorinha só não faz verão.

Um fato notável é que os viajantes árabes exploraram cada canto do mundo islâmico. Mas não encontramos entre eles nenhum exemplo de pessoas que tenham visitado países europeus.[217] E poucos exemplos de pessoas que prestaram atenção ao que viajantes estrangeiros diziam sobre seus países de origem.[218] Por outro lado, temos muitos exemplos de pessoas que não conseguem entender por que os europeus vinham visitá-los. Por exemplo, no final do século XVII, o viajante francês Jean Chardin relatou a surpresa dos persas — os verdadeiros persas, não os de Montesquieu — quando entenderam que ele fizera a longa e perigosa viagem que o levou até eles sem qualquer outra razão além da curiosidade.[219]

Na Europa, o interesse por costumes estrangeiros tornou-se comum e incentivou todo um gênero literário, que se transformou numa longa tradição de narrativas de viagens. No século XIII, monges como João de Plano Carpin O.F.M. (morto em 1252) foram enviados junto aos mongóis. Outro monge, Guilherme de Rubruk O.F.M. foi para Karakorum, junto à corte do Grande Khan. Ele foi enviado pelo papa e por Luís IX (São Luís), rei da França, para

---

[216] Al-Biruni, *L'Inde*, ed. A. Safâ, Beirouth, 'Alam al-kutub 1983, p. 20.

[217] R. Fletcher, *La Croix et le Croissant. Le Christianisme et l'Islam, de Mahomet à la Réforme*, Paris: Audibert 2003, p. 163.

[218] Ver os exemplos em: A. Malvezzi, *L'Islamismo e la cultura europea*, Florência 1956, 116f. e 125, citado por G. E. von Grunebaum, *L'Identité culturelle de l'islam*, tr. R. Stuvéras, Paris: Gallimard 1973, p. 232, n. 2.

[219] *Voyages du Chevalier Chardin en Perse, et autres lieux de l'Orient* [...], Amsterdã, 1735, vol. 3 [...], "Description générale de la Perse", cap. 11, p. 53.

tentar obter a aliança com os mongóis, abrindo assim uma segunda frente contra o islã. Em 1258, ele participou de uma disputa religiosa com a presença do Khan. Poderíamos mencionar também outros viajantes, tais como Guilherme de Boldensele O.P., João de Montecorbino (†1328) ou Odorico de Pordenone O.F.M. (†1331), que chegou até a China.

O que é revelador aqui não é a própria personalidade desses viajantes. Muito menos os objetivos diplomáticos de suas missões. Mas o fato de que muitos deles escreveram seus diários de viagem e os publicaram. É possível que, conforme argumento recente, Marco Polo nunca tenha ido à China, tendo-se contentado em ouvir fofocas de marinheiros em algum lugar em Baçorá ou outro lugar menos distante.[220] Mas seu livro foi um enorme sucesso. Da mesma forma, Sir John Mandeville, o autor imaginário do relato de uma viagem igualmente imaginária que apareceu em 1356-7, em francês anglo-normando, produziu um *best-seller* que foi traduzido em muitos idiomas. O falsificador presumiu que poderia contar com um público de leitores ávidos por esse tipo de literatura.

O OUTRO COMO PONTO DE VISTA

Gostaria de fazer minha terceira observação com base na segunda.

Interessar-se por algo é mais do que apenas um sinal de curiosidade. Há uma forma profunda de interesse. Ele consiste em entender que o outro também interessa, pois projeta, em troca, sobre o observador uma luz que lhe permite compreender melhor a si mesmo.[221] Isso é exatamente o que a cultura europeia tem feito.

---

[220] Ver o livro provocatório de Frances Wood, *Did Marco Polo Go to China?*, Westview Press, 1995.

[221] Para uma distinção entre três formas de interesse, ver: R. Brague, "La physique est-elle intéressante? Quelques réponses de l'Antiquité tardive et du Moyen Âge", in: *Au moyen du Moyen Age*, loc.cit., pp. 97–118.

Conhecemos o processo literário, que se tornou comum entre os escritores, de levar as pessoas a crer que um viajante de um país distante está olhando para a Europa e descrevendo-a de maneira ingênua. Isso permite uma crítica velada às convicções dos próprios europeus. As *Cartas Persas* de Montesquieu (1721), um clássico que todos leem no ensino médio, são o exemplo mais famoso desse processo. Mas Montesquieu estava se colocando na esteira de uma antiga tradição na qual a Europa tentava olhar para si mesma através dos olhos de estrangeiros, fazendo assim uma espécie de autocrítica.

Na época moderna, o primeiro a fazer uso desse procedimento foi provavelmente um italiano que viveu principalmente na França, Giovanni Paolo Marana (1642?–1693) em seu *L'esploratore turco* (1682), que ele mesmo traduziu em francês com o título *L'Espion du Grand Seigneur* (1684). O livro se apresenta como uma coleção de relatórios escritos por um espião turco chamado Mahmut e supostamente traduzidos do árabe. Infelizmente, não consegui acessar o texto original e tive de confiar na literatura secundária.[222]

No final do século XVII, o polígrafo francês Charles Dufresny, em seus *Amusements sérieux et comiques* (1699), já refletia sobre essa prática:

> Para surpreendermo-nos mais vivamente com a variedade de preconceitos que os usos e costumes nos fazem parecer quase uniformes, imaginemos que um homem siamês entre em Paris. Que divertido não seria para ele examinar com os olhos de um viajante todas as peculiaridades dessa grande cidade? Isso me faz querer que o siamês viaje comigo; suas ideias estranhas e figurativas, sem dúvida, proporcionar-me-ão algo novo, e talvez prazeroso. Terei, então, o gênio de um viajante

---

[222] G. C. Roscioni, *Sulle tracce dell' «Esploratore turco»*, Milão: Rizzoli, 1992.

siamês que nunca viu nada parecido com o que acontece em Paris: veremos como ele será surpreendido por certas coisas que os preconceitos de hábito nos fazem parecer razoáveis e naturais.[223]

A passagem é interessante, entre outros aspectos, por causa da ênfase na ideia de preconceito. A ideia, como sabemos, teve origem em Descartes e Malebranche. Ela já foi objeto de um animado debate durante a "Querela dos Antigos e Modernos"[224] e tornou-se um dos slogans mais obcecados do Iluminismo.

Quanto às *Cartas Persas* de Montesquieu, ninguém coloca em dúvida seu lugar de obra-prima do gênero literário. Sem surpresa, elas foram amplamente plagiadas, de modo que o processo se tornou um maneirismo rebatido no século XVIII. Cito aqui alguns exemplos, em ordem cronológica.

Jean-Baptiste de Boyer, Marquês de Argens (1704-1771), polígrafo francês e defensor dos autoproclamados "Filósofos", publicou duas séries de *Cartas*, primeiro *Judaicas*, depois *Chinesas*, que fazem passar sob essas bandeiras críticas mordazes à "superstição" — nome cifrado para o cristianismo.[225]

Na Inglaterra, Oliver Goldsmith, que ficaria mais famoso por seu romance *The Vicar of Wakefield* (1766), publicou entre janeiro de 1760 e agosto de 1761 uma série de cento e dezenove *Chinese Letters* que foram reimpressas no ano seguinte sob o novo título de *The Citizen of the*

---

[223] Charles Rivière Dufresny, "Amusements sérieux et comiques", ed. J. Chupeau, in: J. Lafond (ed.), *Moralistes du XVIIe siècle*, Paris: Laffont ("Bouquins"), 1992, pp. 994–1050; cap. 2: Paris, p. 1003.

[224] H. B. de Longepierre, *Discours sur les Anciens* (1687), in: M. Fumaroli (ed.), *La Querelle des Anciens et des Modernes*, Paris: Gallimard, 2001, pp. 286–289.

[225] J.-B. Boyer d'Argens, *Lettres juives, ou correspondance philosophique, historique et critique, entre un juif voyageur à Paris et ses correspondants en divers endroits*, Amsterdã, 1736-37 (4 vol.); *Lettres chinoises, ou [...] entre un chinois [...] à la Chine, en Muscovie, en Perse et au Japon*, Haia, 1751 (5 vol.).

World.²²⁶ Um chinês imaginário, Lien Chi Altangi, zombou da vida e dos costumes de Londres. O livro retoma em grande parte a obra anterior de d'Argens, que Goldsmith ocasionalmente copiou, sem mais nem menos, assim como várias reportagens a respeito da China.

Em *L'Ingénu* (1767), Voltaire abandona o gênero do romance por cartas, mas retoma o procedimento. Ele conta a história da descoberta da Europa civilizada por um índio americano, mais precisamente um huroniano. A obra aposta no contraste entre o refinamento e a corrupção da vida da alta sociedade ocidental e a inocência do nobre selvagem.

Na Espanha, José Cadalso (morto em 1782), um oficial de seu estado, apresenta em suas *Cartas Marruecas* (póstumas, 1789) um viajante proveniente do Marrocos que, com a ajuda de um amigo espanhol, reflete acerca dos problemas da Espanha.²²⁷

Não consegui encontrar um exemplo na literatura alemã da época.

Após a Revolução Francesa, o procedimento parece ter perdido parte de seu encanto, embora alguns exemplos continuem a ser encontrados. Por exemplo, o escritor alemão contemporâneo Herbert Rosendorfer retomou o gênero um tanto fora de moda do romance por cartas para imaginar um mandarim do século X que descrevia com um maravilhamento um tanto escandalizado a vida na Munique atual.²²⁸

Por certo, essa moda testemunha o espírito do Iluminismo. É interessante que o apogeu do gênero literário tenha

---

²²⁶ *Collected Works of Oliver Goldsmith*, ed. A. Friedman, vol. II: *The Citizen of the World*, Oxford, Clarendon Press, 1966.

²²⁷ J. Cadalso, *Cartas Marruecas*, ed. J. Tamayo y Rubio, Madrid: Espasa-Calpe, 1956.

²²⁸ H. Rosendorfer, *Briefe in die chinesische Vergangenheit* (1983), Munique, 1994.

durado pouco mais de um século, e que esse século tenha sido precisamente aquele que chamamos de "Século das Luzes". A obra mais antiga, a de Marana, foi publicada durante um marco intelectual divisor de águas, ou seja, os anos 70 e 80 do século XVIII, período que Paul Hazard analisou no famoso livro *A Crise da Consciência Europeia* (1935). A última, a de Cadalso, foi impressa no primeiro ano da Revolução Francesa e fora escrita alguns anos antes. E, de fato, todas essas obras se propunham a contribuir para a estratégia do Iluminismo.

A IDADE MÉDIA

Devemos, portanto, fazer a pergunta: essa capacidade de olhar para si mesmo desde um ponto de vista externo é uma característica da cultura europeia enquanto tal? Ou pertence apenas à era moderna da cultura europeia? Ver de longe é uma característica dos tempos modernos, após a descoberta do Novo Continente, a circunavegação do mundo, etc. E isso não se aplica apenas à distância horizontal. De modo mais geral, é possível que a revolução astronômica trazida por Copérnico tenha aberto uma nova perspectiva. No entanto, a ideia de uma ascensão às mais altas esferas, uma ascensão que nos permita literalmente olhar do alto para o mundo da nossa vida cotidiana, é muito antiga.[229] Da mesma forma, essas tentativas de olhar para nós mesmos através de olhos estrangeiros não são exclusivas dos tempos modernos, e muito menos do Iluminismo. Exemplos disso podem ser encontrados séculos antes, em plena Idade Média.

No século XII, o filósofo francês Pedro Abelardo (morto em 1142), compôs um diálogo entre um cristão, um judeu e um filósofo, de origem muçulmana. Em resposta, o judeu reclama da humilhação em que seu povo vive sob o domínio

---

[229] R. Brague, *La Sagesse du monde. Histoire de l'expérience humaine de l'univers*, Paris: Hachette, 2002.

dos cristãos.²³⁰ O que é notável não é o conteúdo desse discurso, mas o fato de que ele foi escrito por um cristão. Abelardo, aliás, sofrera com alguns de seus correligionários e tinha uma experiência de primeira mão da perseguição. Em sua autobiografia, ele chega a confessar que cogitara a ideia de se estabelecer em terra pagã, ou seja, islâmica, para "viver ali como um cristão entre os inimigos de Cristo", certamente pagando o imposto especial de capitação reservado aos não-muçulmanos tolerados, mas gozando de maior liberdade ali do que entre a cristandade.²³¹

Temos outro exemplo de comparação entre suas próprias práticas e as dos estrangeiros em benefício destes últimos:²³² Ibn Jubayr, um viajante muçulmano que visitou a Palestina durante as Cruzadas, compara a situação dos muçulmanos sob o domínio muçulmano e sob o domínio dos "Francos", sendo a segunda mais vantajosa. Mas o que é excepcional em Abelardo é sua habilidade de colocar argumentos na boca do adversário contra seu próprio campo.

HONORÉ BOUVET COMO EXEMPLO-CHAVE

Gostaria de dedicar um pouco mais de tempo aqui a outra obra medieval. Seu autor é Honoré Bouvet, um monge beneditino, especialista em Direito Canônico, que vivia na Abadia de Sélonnet (no departamento dos Alpes de Alta Provença, não muito longe da atual barragem de Serre-Ponçon). Nascido por volta de 1340, e morto na primeira década do século XV, tinha um grande interesse por assuntos militares e escreveu, sob o título *L'Arbre des Batailles* (1387), um compêndio de ética militar, uma

---

[230] Abelardo, *Dialogus inter Judaeum, Philosophum et Christianum*, PL, 178, 1617d-1618d.

[231] Abelardo, *Historia calamitatum*, ch. 12; PL, 178, 164b.

[232] Ibn Jubayr, *Rihla*, ed. W. Wright, Leyden, 1907, p. 301; citado por: B. Lewis, *Comment l'islam a découvert l'Europe*, Paris: Gallimard, 1990, p. 93.

espécie de espelho do nobre soldado, que permaneceu sua produção mais popular e foi traduzido em vários idiomas.

Falarei aqui de outra obra, *L'apparicion maistre Jean de Meung*, escrita em 1398.[233] Bouvet conta que o famoso autor da segunda parte do *Roman de la Rose* aparece-lhe em sonho. O grande escritor inicia um diálogo com um médico, um judeu, um sarraceno e um monge jacobino, todos personagens que, por várias razões, foram então muito difamados.[234] Através dos discursos deles, Bouvet critica a moral de seus contemporâneos. No entanto, alguns discursos são colocados na boca de adeptos de outras religiões. É o caso de um judeu e de um sarraceno. Veremos que eles não medem suas palavras.

O judeu teve de se esconder[235] para poder vir, pois se deparou com uma ordem de expulsão promulgada pelo Rei em 1394, banindo os judeus do reino da França, por causa de seus pecados e, em particular, por causa da usura.[236] Ele pede que o decreto seja revogado, pois, como explica, os cristãos fazem muito pior. Eles praticam a usura debaixo do pano, fazendo de conta que se envolvem em transações comerciais honestas. Por que os judeus, que não podem competir na ganância com os cristãos, devem permanecer no exílio? Se lhes fosse permitido voltar, cobrariam juros mais baixos do que os cristãos: "*Et nous serions plus gracioux / De prendre plus petite usure*".[237]

Bouvet, então, coloca na boca do sarraceno um discurso muito mais longo do que o do judeu. Seu personagem é um

---

[233] I. Arnold, *L'apparicion maistre Jehan de Meun* e *Somnium super materia scismatis* d'Honoré Bonet [ou Bouvet], Paris: Belles Lettres e Oxford: Oxford University Press, 1926, 1–68 [aqui: Bouvet, *Apparicion*]. Devo à obra de I. Fletcher, op. cit., p. 153 ss. o conhecimento da obra de Bouvet.

[234] Bouvet, *Apparicion*, Introdução de I. Arnold, p. XVII.

[235] Ibidem, v. 289–292, p. 17.

[236] Ibidem, v. 234, p. 15.

[237] Ibidem, v. 246–292, p. 16 ss.

africano "tão negro quanto o carvão"; ele é, aliás, intérprete de uma família nobre, e conhecedor de sua religião muçulmana: "[...] *je suy plus franc trossimant / Qui soit en Sarrasisme grant, / Car je sçay parler tout langage; / Et sy suy home de paraige / Et suy bon clerc en nostre loy*".²³⁸ Ele foi enviado para estudar os franceses, a fim de escrever um relatório sobre seus hábitos, seus artigos de fé, seu sistema político: "[...] *nos seigneurs de la / Sy m'ont envoyé par deça / Pour vëoir l'estat des crestians. [...] Pour ce suy venuz en partie / Pour vëoir des Françoys leur vie, / Leur fait, leur noble contenance, / Quel foy ilz ont, quel ordonnance*".²³⁹

A crítica que ele formula contra os cristãos da França é ainda mais dura do que aquela do judeu. A primeira acusação denuncia o interesse de Bouvet pelas realidades militares: os cristãos vivem no luxo e na brandura, por isso são maus soldados.²⁴⁰ Mas há coisas piores. Entre os sarracenos, a Lei — diríamos a "religião" — cristã é baseada na caridade. Mas os sarracenos são mais caridosos uns com os outros do que os cristãos são com seus próximos: "*On dit entre nous une fable / Que vostre loy est charitable, / Mais je vous dy pour verité / Que nous avons plus de charité / Entre nous autres Sarrazins / Que vous n'avez a vos voisins*".²⁴¹ Particularmente, os cristãos não têm qualquer preocupação com a triste condição dos seus prisioneiros nos países muçulmanos. Isso prova que, para eles, caridade e piedade não passam de palavras vãs: "*Pour ce dy je que charité / N'est entre crestiens ne pitié*".²⁴² Os comerciantes

---

²³⁸ Ibidem, Prose 116 ss., p. 9; v. 303–306, p. 17 ss.

²³⁹ Ibidem, v. 311–313, 319–322, p. 18.

²⁴⁰ Ibidem, v. 420 ss., p. 21 ss.

²⁴¹ Ibidem, v. 631–636, p. 30. É interessante que a caracterização muçulmana do cristianismo como religião do amor não é uma invenção de Bouvet. Nós a encontramos, com uma conotação crítica, em outros autores, dentre os quais: al-Biruni, loc. cit., p. 433.

²⁴² Ibidem, v. 665 ss., p. 31.

cristãos juram sobre a sua fé, no entanto faltam com a promessa. Os cristãos em geral são adúlteros e ladrões. Seus soldados saqueiam o povo que deveriam defender, etc.[243]

O conteúdo dessa crítica não é desprovido de interesse. Mas não tem nada de original e se encontra, na mesma época, em Eustache Deschamps, por exemplo.[244] O que é mais interessante é o procedimento literário. O sarraceno é posto em cena por um cristão para envergonhar outros cristãos. O procedimento chega a ser duvidoso. Na verdade, o sarraceno começa lembrando os cristãos latinos do ódio que seus irmãos de Bizâncio sentem por eles: "*j'ay ouÿ par plusieurs foys / Parler aux Rommains des Françoys, / Mais c'estoit bien vilainemant: / Ilz les prisent moins que neant, / Car ilz les ont pour scismatiques*".[245] O ciclo é completo: um escritor da cristandade latina apresenta um personagem muçulmano que denuncia as críticas que os cristãos bizantinos fazem aos cristãos latinos.

SENTIDOS E LIMITES DE UM PROCEDIMENTO

Essa atitude não encontra qualquer paralelo fora da Europa. André Miquel sustenta que alguns geógrafos muçulmanos elogiaram os costumes estrangeiros, neste caso os do Extremo Oriente, para oferecer ao seu próprio mundo um espelho, dando-lhe também uma chance de se reformar. Entretanto, as passagens que ele cita a esse propósito em seu resumo acerca dos geógrafos árabes não me parecem muito convincentes.[246]

Agora é bastante claro que tudo isso, entre os escritores europeus, é pura ficção. Os chamados estrangeiros são descritos, quando o são, com base no que os viajantes europeus

---

[243] Ibidem, v. 767–780, p. 36 ss.

[244] Ibidem, Introdução de I. Arnold, p. XXV-XXVII.

[245] Ibidem, v. 357–361, p. 19.

[246] A. Miquel, *L'Orient d'une vie*, Paris: Payot, 1990 e *Géographie humaine du monde musulman*, Paris: Colin, vol. 2, pp. 108–114.

relatam. Na verdade, eles não são mais do que porta-vozes transparentes das próprias convicções do autor. Em certo sentido, pode-se dizer que essa instrumentalização é o auge do eurocentrismo.

E os autores que o utilizam não estão isentos de preconceitos contra outros países europeus. Por exemplo, se o viajante persa de Montesquieu critica a França, o autor francês o faz atacar a Rússia com tamanha acidez que atraiu a resposta de um alemão de aspecto francês, Strube de Piermont, que escolhe o mesmo gênero literário de correspondência fictícia para contra-atacar O *Espírito das Leis*.[247]

No entanto, não temos o direito de reduzir esses textos a um puro eurocentrismo. De fato, eles não teriam sido possíveis sem o que mencionei em meu segundo ponto, isto é, a tradição da literatura de viagem e o interesse pelo outro que a possibilitou. Ainda que o "outro" seja uma construção, seu lugar permanece, como uma possibilidade para a consciência europeia de se distanciar de si mesma. É um lugar imaginário, é claro, mas que basta para transformar o círculo do qual a Europa seria o centro numa elipse que a retira de si mesma.

CONCLUSÃO

Numa palavra, "eurocentrismo" como conceito ou é muito amplo ou é muito estreito. Como uma subespécie de "centrismo", ele é muito amplo para compreender a Europa e não nos diz nada de específico acerca dela. Por outro lado, na medida em que supostamente caracteriza a Europa como tal e com exclusão de qualquer outra coisa, ele simplesmente erra o alvo.

Eu poderia ir mais longe e propor esta tese final: falar de eurocentrismo, ou seja, aplicar o conceito universal de

---

[247] F.-H. Strube de Piermont, *Lettres russiennes*, ed. C. Rosso, Pisa: La Goliardica, 1978.

"centrismo" à Europa e somente à Europa, é um gesto tipicamente eurocêntrico. Nada é mais eurocêntrico do que as críticas ao eurocentrismo. A ideia de que existe algo como o eurocentrismo pode até mesmo ser a única atitude verdadeiramente eurocêntrica.

CAPÍTULO VIII
A IGREJA ROMANA

Vimos de que modo a Europa era "romana" na relação com as suas duas fontes, judaica e grega. A relação "romana" com a fonte judaica define a cristandade face ao islã (capítulo III); a relação "romana" com a fonte grega define a Europa latina face ao islã, mas também ao mundo bizantino (capítulo IV) e confere uma relação paradoxal com o que lhe é próprio (capítulo V), o qual impõe-lhe uma atitude determinada para com este (capítulo VI). Neste último capítulo, posiciono-me no interior da experiência europeia. Nele examinarei o papel que teve a religião que marcou a Europa de modo mais decisivo, isto é, o cristianismo. Mostrarei mais uma vez que o cristianismo é essencialmente "romano". Enfim, já que existe uma Igreja que chamamos de "romana", isto é, a Igreja Católica, farei algumas considerações acerca da última das dicotomias cuja presença constatei, ou seja, a que opõe a Igreja Católica ao mundo oriundo da Reforma.[248]

O CATOLICISMO "ROMANO"?

O fio condutor será uma vez mais a romanidade. Há uma Igreja que, ainda que o termo não faça parte das quatro "notas" que ela classicamente reivindica ("una, santa,

---
[248] Cf. *supra*, cap. 1, p. 26, n. 12.

católica, apostólica"), recebe a denominação de "romana". Os católicos entendem com isso que a unidade reside na comunhão dos bispos em torno do sucessor de Pedro, bispo de Roma. Porém, o fato de que o papa tenha sua sede em Roma é puramente contingente? Sim, se entendemos com isso a intersecção de uma latitude e uma longitude. Mas a resposta deve ser mais sutil se nos atentarmos à simbologia veiculada pelo nome dessa cidade. Em relação à existência de um lugar objetivo, adversários e defensores da Igreja Católica estão de acordo, embora com ênfases diversas. Para uns, o papado é herdeiro do desejo de poder do imperialismo romano;[249] outros dirão, por exemplo, retomando um velho argumento de Santo Agostinho, que a unidade da terra habitada, realizada pelas legiões romanas, era uma preparação à evangelização desta.[250]

A pergunta que farei aqui diz respeito à medida em que a Igreja Católica merece o adjetivo "romano". Mas tomarei esse adjetivo no sentido que tentei elaborar. Dado que para mim esse sentido define a experiência europeia, minha questão voltará a perguntar se os católicos podem ser, retomando uma fórmula de Nietzsche, ironicamente retomada por Husserl, "bons europeus".[251]

Se perguntarmos agora como caracterizar o catolicismo, será preciso começar com uma advertência: o "catolicismo" não existe. Pelo menos não no sentido em que seria um "-ismo" como se fala do marxismo, do liberalismo ou do "fulanismo" caro a Unamuno. O catolicismo não é um sistema de pensamento. "Católica" é primeiramente uma característica da Igreja, uma de suas "notas". O que é católico não é um homem, eu, por exemplo; é a Igreja

---

[249] Podemos pensar aqui em Dostoiévski e na narrativa acerca do grande inquisidor em *Irmãos Karamazov*.

[250] A ideia está também em: Dante, *Banquete*, IV, 5, 4.

[251] Nietzsche, a partir de: *Humain, trop humain*, I (1878), 8, §475 (KSA, t. 2, p. 309); Husserl, "La crise de l'humanité européenne et la philosophie", in: *Die Krisis der europäischen Wissenschaften* [...], Husserliana, vol. VI, La Haye, 1962, p. 348.

à qual ele pertence — e com a qual seu pecado o impede de identificar-se perfeitamente. Tomarei aqui, portanto, "catolicismo" num sentido preciso: entenderei com isso o que faz com que a Igreja seja católica, ou se preferirmos, a catolicidade da Igreja.

O PROBLEMA DA CULTURA

Não me parece audacioso demais considerar o catolicismo uma espécie do gênero "cristianismo". Será necessário, então, indagar se o catolicismo é "romano" unicamente por si, ou porque seu gênero, o cristianismo, também o é, ou ao mesmo tempo porque ele é uma espécie do cristianismo e porque adiciona a esse gênero uma determinação que lhe é própria. Minha tese será que o catolicismo consiste nada mais do que em aceitar até as últimas consequências o fato cristão. Se ele é "romano", será na medida em que leva a fundo a romanidade intrínseca do cristianismo. Teremos, então, de examinar de que modo o cristianismo é "romano". Essa investigação já foi feita anteriormente (capítulo III). No entanto, parece-me oportuno retomar a questão em novos termos.

Devo, portanto, arriscar uma caracterização do cristianismo. Proponho defini-lo por certa síntese, certo modo de conceber a relação entre dois termos. Esses dois termos são basicamente o divino e o humano. Ou, se quisermos, Deus e o homem, o sagrado e o profano, o céu e a terra, o espiritual e o temporal. Cada cultura lida com esses dois termos. Cada cultura propõe, explicitamente ou implicitamente, uma resposta à questão das suas relações. Cada cultura propõe articulá-los entre si de certo modo. Nesse campo, o cristianismo não é exceção. A questão que ele afronta é a mesma que afrontam todas as culturas.

Mas ele resolve essa questão de forma paradoxal. Basicamente, direi: *o cristianismo une o divino e o humano onde é fácil distingui-los; ele distingue o divino e o humano onde é fácil uni-los.* Ele reúne o que é difícil pensar em conjunto; ele separa o que é difícil pensar separado.

O divino e o humano são fáceis de distinguir quando se trata de designar-lhes um estatuto ontológico. Para falar na linguagem do mito, Deus está no céu, o homem está na terra. É ainda por meio dessas imagens que se exprime o salmista (*Salmo* 115, 16). Se quisermos falar como os filósofos, diremos: Deus está fora do tempo, ele é eterno; o homem, por sua vez, está submetido ao escoamento do tempo, ele nasce, envelhece e morre. Ou ainda: Deus é todo-poderoso, o homem é fraco. Nada, então, é mais fácil do que opor, palavra por palavra, os atributos de Deus e as características do homem. Um deus assim definido será indiferente ao mundo dos homens. Ele será o Primeiro Motor imóvel de Aristóteles, perfeito demais para que possa até mesmo perceber o mundo, menos nobre do que ele.[252] Ou ainda, serão os deuses de Epicuro que vivem nos intermúndios sem que nada venha perturbar sua despreocupação.[253]

Reciprocamente, o divino e o humano são fáceis de unir quando se trata de designar-lhes um campo de ação. As dimensões fundamentais do ser humano, como a sexualidade, a existência política etc., possuem para o homem uma dimensão sagrada: o Éros conduz todos os seres vivos para além deles próprios, rumo ao futuro, sua progenitura, pela qual estão prontos a se sacrificar.[254] A cidade pode suscitar, quando sua existência está em jogo, o entusiasmo dos seus habitantes, também aqui, prontos a dar suas vidas por ela. Há um bom tempo, Fustel de Coulanges destacou a dimensão religiosa da cidade antiga[255] e as pesquisas

---

[252] Aristóteles, *Metafísica*, Lambda, 9.

[253] Epicuro, *Epístola a Heródoto*, §76s.

[254] Platão, *Banquete*, 207ab.

[255] Fustel de Coulanges, *La cité antique* (1864).

mais recentes, embora coloquem em discussão seus resultados, ainda acampam no terreno por ele conquistado. Em todas as culturas, as realidades sexuais e políticas possuem uma dimensão sagrada. Elas a possuem nelas mesmas e não têm qualquer necessidade de recebê-la de outro lugar. O espiritual não se distingue do temporal. A tal ponto que ele nunca é percebido como uma realidade independente. O rei é ao mesmo tempo padre da cidade; o pai de família é ao mesmo tempo padre do seu lar.

Temos, portanto, duas tentações simétricas: certa maneira de separar o divino e o humano, certa maneira de unir o divino e o humano. Essa tentação é muito natural. Com efeito, ela apenas, por assim dizer, "corta seguindo o pontilhado", sublinha divisões que se apresentam elas mesmas na realidade: separamos o divino e o humano quando eles já estão separados pelo seu nível de ser; reciprocamente, unimo-los quando eles já cooperam.

DISTINÇÃO E UNIÃO PARADOXAIS

Ora, o cristianismo recusa essas duas tentações. E, como dissemos, responde-lhes com um esforço invertido nas duas direções. De um lado, ele distingue o que seria fácil unir. Distingue o temporal e o espiritual, o religioso e o político. Recusa ser, como o islã, "religião e regime político" (*dîn-wa-dawla*). Bons observadores muçulmanos constataram essa recusa.[256] Ela tem aspectos históricos: a fé cristã se impôs não obstante, ou mesmo contra, o Império Romano. Mas ela se situa também no nível dos princípios.

Ela provém primeiramente da herança judaica:[257] o judaísmo tinha se liberado do vínculo primitivo, ainda atestado no Antigo Testamento (cf. *Deuteronômio* 2, 12), e que associava cada povo a seu respectivo deus de tal modo

---

[256] Ibn Khaldoun, *Muqaddima*, III, 31 (R, t. 1, 473).

[257] R. Brague, "Judaïsme. Période classique et médiévale", in: P. Raynaud & S. Rials (ed.), *Dictionnaire de Philosophie Politique*, Paris: PUF, 1997.

que a ligação ao deus constituía um povo como entidade política. A atitude ambígua face à realeza, visível na narrativa da escolha de Saul por Samuel (1 *Samuel* 8, etc.), colocava em jogo um antagonismo durável entre o político e o religioso. O exílio colocou fim à realeza. O Templo foi destruído, e com ele a ligação da fé de Israel com um lugar material, situado num determinado Estado. Desse modo, o polo político do antagonismo desapareceu. Com isso, o pertencimento religioso ao povo de Israel deixou de ser o pertencimento político a um Estado. E a lei civil dos Estados pôde assim ser reconhecida como legítima no seu próprio domínio, segundo o adágio: "a lei do reino tem força de lei (*dina de-malkouta dina*)".[258]

No cristianismo, desde a origem, é na predicação de Jesus que a distinção se funda. Ela se formula nas palavras de Cristo acerca da necessidade de dar a César o que é de César (*Mateus* 22, 17 e ss.). Ela se enraíza mais profundamente na atitude geral de Jesus para com um messianismo de natureza política ou militar: recusar ser proclamado rei (*João* 6, 15), aceitar apenas a coroa de espinhos. A natureza puramente religiosa do que o cristianismo pretende trazer tem como consequência a rejeição de preencher com o peso do Absoluto os detalhes dos regulamentos que governam as relações intra-humanas.

Nós o observamos no episódio no qual Jesus recusa ser o árbitro de um problema de herança: "Alguém do meio da multidão disse a Jesus: Mestre, dize ao meu irmão que reparta a herança comigo. Ele respondeu: Homem, quem me encarregou de ser juiz ou árbitro entre vós? E disse-lhes: Atenção! Guardai-vos de todo tipo de ganância, pois mesmo que se tenha muitas coisas, a vida não consiste na abundância de bens" (*Lucas* 12, 13-15). Jesus recusa ser em todos os pontos como Moisés aplicando-se a questão feita a este (cf. *Êxodo* 2, 14). O texto não tem paralelos

---

[258] A respeito do adágio ver: *Jewish Encyclopaedia*, t. 6, col. 51–55 (S. Shilo).

rabínicos claros;[259] e não se sabe muito bem se se trata de um *logion* autêntico ou de uma atribuição da comunidade primitiva. O conteúdo não é claro: tratava-se de recomendar que se permanecesse na indivisão, etc.?[260] No entanto, retrospectivamente, e do ponto de vista da história da cultura, a passagem é bastante interessante. Ainda mais por se tratar de um problema de herança a partilhar. Sabemos que é uma das áreas mais desenvolvidas e mais delicadas do direito religioso muçulmano, um tesouro de caso para os estudantes do *fiqh*. Tudo se passa como se tivéssemos aqui, *avant la lettre*, a exclusão radical de toda xaria cristã. Os regulamentos inter-humanos não estarão carregados com o peso do Absoluto, mas deixados aos cuidados dos homens. O Absoluto incidirá apenas na exigência moral que deverá normatizar todas as regras jurídicas.

É a essa atitude de princípio que o cristianismo nunca cessou de recorrer. Ele teve de fazê-lo contra todas as tentações de absorver o político ou o religioso na política. Essas tentações vieram às vezes de fora, quando o poder político buscou pôr as mãos no poder religioso. Mas elas podem muito bem vir de dentro, quando pessoas da Igreja querem utilizar uma influência espiritual para fins temporais. Nós o constatamos em estilos diversos: outrora no cesaropapismo, hoje em certas correntes da "teologia da libertação". Essas tentações foram mais ou menos bem evitadas, e não se trata de inocentar a Igreja de qualquer incursão fora do espiritual. Mas quando se reivindica, por exemplo, com a laicidade moderna, que a Igreja não saia de seu domínio próprio, não se lhe aplica uma regra que lhe seja estranha. Ao contrário, ela é levada à fidelidade a um princípio que se insere na sua própria tradição.

---

[259] Nada en Strack-Billerbeck *ad loc.* (t. II, p. 190).

[260] Cf. D. Daube, "Inheritance in Two Lucan Pericopes", *Zeitschrift der Savigny-Stiftung für Rechtsgeschichte*, Romanistische Abteilung, 72 (1955), pp. 326–334.

A separação do temporal e do espiritual, presente no nível dos princípios e das origens históricas, encontrou-se confortada, e o Evangelho tomado ao pé da letra, pelas circunstâncias históricas da propagação do cristianismo no Império Romano: sua difusão operou-se contra o poder político. A passagem das autoridades imperiais ao cristianismo foi a consequência política de uma difusão que não era política. Apesar da tradução política da supremacia do cristianismo depois de Constantino, a ideia segundo a qual o domínio religioso e o domínio político são distintos não deveria deixar o cristianismo em geral.

PAPAS E IMPERADORES

Quanto à sua versão católica, eu disse no começo que o catolicismo se compreendia como o outro do Oriente bizantino. Podemos aqui basear essa caracterização do catolicismo num dado histórico. Ele fornece a ilustração concreta do segundo traço do cristianismo, isto é, a rejeição de uma síntese indevida do divino e do humano na esfera humana. Essa ilustração é a permanência, na história da Europa, de um conflito que, na Idade Média, concretizou-se como aquele do papa e do imperador. Enquanto no Oriente bizantino, o imperador, que aliás recebia na sua sagração prerrogativas litúrgicas, fazia e desfazia patriarcas, o Ocidente seguia outra direção. Talvez por razões que possamos considerar de pura contingência histórica, ou mesmo totalmente negativas (o papa também era um chefe de Estado, tinha privilégios a defender, etc.). O fato é que no Ocidente latino a união sem conflito do temporal e do espiritual, não menos desejada ali do que em outros lugares ("união do trono e do altar", sonhos teocráticos de certos papas, etc.), nunca foi uma realidade histórica. Em Bizâncio, a situação era menos clara: a ideia de uma "sinfonia" (acordo) dos poderes temporal do imperador e espiritual do patriarca tendia muito mais a confundir os dois do que a teoria ocidental das "duas espadas". De fato, o clero ortodoxo russo foi brutalmente submetido ao czar a partir de Pedro, o Grande. Em contrapartida, o papa sempre constituiu, no Ocidente, um obstáculo às ambições dos imperadores e dos reis.

Esse conflito é talvez o que permitiu à Europa manter-se na singularidade que faz dela um fenômeno histórico único. Ele a impediu de se transformar num desses impérios que se miram numa ideologia à sua medida e à sua imagem — que produzem ou pretendem encarnar. Com efeito, por um lado, foi a independência do religioso em relação ao político que permitiu à Europa abrir-se como um fruto maduro, transmitindo a outros domínios culturais seu conteúdo religioso, mesmo uma vez rompidas as amarras políticas. Tanto o domínio profano quanto sua ordem recebem, por sua vez, um espaço dentro do qual podem se construir segundo suas próprias leis.

Isso não quer dizer que a ordem profana podia se desdobrar sem qualquer referência à ética. Aqui é preciso compreender bem o "Dai a César...". "O que é de César" em certo sentido não é nada, visto que o próprio César recebe seu poder do alto. Dizer que o que pertence a César deve voltar a ele não é, portanto, dirimi-lo de qualquer obrigação de se justificar perante uma instância que o transcende para deixar que ele se desdobre numa lógica puramente maquiavélica. É justamente o contrário. César se vê no direito de fazer aquilo que pode e sabe fazer. Mas o poder espiritual, sem dispor de qualquer divisória blindada, reserva-se um direito sobre o poder temporal: recordar-lhe o caráter absoluto da exigência ética que julga os seus fins e os seus meios. A ética constitui a moldura da ordem profana. Mas, como toda moldura, ela simplesmente limita negativamente, sem impor diretivas positivas.

Além disso, face à tentação inversa de atribuir ao divino e ao humano esferas distintas e incomunicáveis, o cristianismo, e ao que parece apenas ele,[261] professa a Encarnação. Um homem, que viveu numa época da história e num lugar do globo bem determinados, isto é, Jesus de Nazaré, é Deus. As oposições habituais entre o divino e o humano já não são válidas. Deus é capaz de descer do céu sobre a terra, de entrar no tempo e de levar nele uma vida temporal, ele pode conhecer o sofrimento e a morte. Os cristãos chegam a dizer que em parte alguma ele se mostra mais divino do que nesse rebaixamento. O homem não é superado por Deus, mas é por ele subvertido: Deus não está acima, mas abaixo. Teremos ocasião de voltar às consequências dessa doutrina fundamental.

UNIÃO E DISTINÇÃO COMO CONSEQUÊNCIAS DA SECUNDARIEDADE

Assim, o esforço do cristianismo é primeiramente orientado para uma distinção a praticar. Ele visa igualmente, como dissemos, a uma união. Os dois não estão arbitrariamente ligados, pelo simples prazer da simetria. Portanto, é importante relembrar aqui que, se o esforço se desdobra em duas direções, ele provém de uma única e mesma fonte. A maneira pela qual se opera a distinção dos dois campos vai de par com aquela pela qual se opera a sua união.

Gostaria de demonstrar agora como os dois, distinção e união, são as consequências daquilo cuja presença no centro da cultura europeia tento destacar, isto é, o caráter secundário. Como o termo "romanidade" me serve para designar essa atitude, trata-se de demonstrar uma vez mais a romanidade do cristianismo. Afirmo, portanto: por um lado, a ideia de encarnação forma um todo com a secundariedade religiosa; por outro, a ideia de separação do temporal e do espiritual forma um todo com a secundariedade cultural.

---

[261] A ideia de avatar nas religiões indianas não tem muito que ver com a ideia cristã de encarnação.

A ideia de encarnação, no cristianismo, supõe que Cristo não é um "homem divino" qualquer, caso particular de uma lei estipulando que todo ser deve passar por estágios da vida terrestre. A divindade da qual ele é a versão humana não é tomada nessa lei da encarnação. Ele é o Filho do Deus de Israel, definido como algo muito distinto do homem. No cristianismo, a encarnação só tem sentido se ela é justamente aquela do Deus que não pode ser um homem. Ele tampouco é, em estilo gnóstico, um Deus estrangeiro ao mundo e que o vigiaria desde fora. Ao contrário, o Filho de Deus veio ao mundo como "para o que era seu" (*João* 1, 11). Ele tampouco é estrangeiro em relação à história: ele não surge nela sem uma preparação, mas como a conclusão da Aliança entre Deus e os homens, consignada na Lei e relembrada pelos profetas. Ele é incompreensível sem a história de Israel. Aquele que se encarna é singularizado como o Messias de Israel e o Filho de seu Deus. Confessar a encarnação tem, portanto, para o cristianismo duas consequências: de um lado, a fé na encarnação é o ponto sobre o qual judaísmo e cristianismo se opõem mais radicalmente; de outro, ela supõe na sua própria afirmação, que aquele que se encarnou é realmente o Deus de Israel. Secundariedade e encarnação são, portanto, ao mesmo tempo a causa e a consequência uma da outra.

É preciso notar aqui um paradoxo: a secundariedade do cristianismo em relação a Israel não faz da encarnação algo "secundário". Esta permanece um fato único e inultrapassável. Por um lado, porque o que é secundário no tempo nem sempre o é quanto à coisa em si: neste caso, o Verbo que os cristãos confessam que se fez carne é aquele pelo qual o mundo foi criado, "no princípio". Por outro lado, e principalmente, é a própria secundariedade da encarnação em relação a Israel que assegura o seu caráter absoluto.

Já no que concerne à separação das esferas temporal e espiritual, observamos que ela se explica pela dualidade das fontes, grega e judaica, da civilização ocidental.[262] Isso não explica, no entanto, *por que* há *duas* fontes, em outros termos, por que uma não eliminou a outra. O cristianismo não sentiu a necessidade de reconstruir do zero o que já estava feito no mundo pagão, como o direito ou as instituições políticas, ou aquilo que entrava na sua esfera, como as línguas e as culturas. Ele se sobrepôs ao que já existia. O fato de ter se ligado a uma civilização já organizada segundo as suas próprias leis e, em particular, de não ter criado uma nova unidade política (por exemplo, federando o que estava até então dividido) forneceu de imediato um modelo de separação dos domínios. A comunidade formada (a Igreja) não necessitava substituir o que já existia. E, no curso da história, ela só teve de assumir tarefas civis nos casos de falha das autoridades temporais.

A SEPARAÇÃO COMO CONSEQUÊNCIA DA UNIÃO

Em segundo lugar, é preciso ver como a união e a separação de que falamos estão elas mesmas ligadas por uma lógica interna. Antecipo aqui a tese: a emergência de um domínio profano, e suas consequências na história europeia, inclusive a possibilidade de sociedades "laicas" — ou ainda a de um ateísmo radical — foi possibilitada pela ideia de encarnação.

Esta é uma concentração do divino numa figura singular, a de Cristo. Tudo o que Deus tem a dizer, todo o Verbo, está nele. Retomando, com alguma modificação do sentido, uma fórmula dos Padres gregos, "o Verbo se condensou (*ho logos pakhunetai*)".[263] Ou, para falar com São Bernardo, Cristo é o "Verbo abreviado" (*verbum abbreviatum*).[264]

---

[262] G.E. von Grunebaum, *L'identité culturelle*..., p. 52.

[263] A fórmula se encontra em sentido próximo pela primeira vez em: Gregório de Nazianzo, *Sobre a epifania* (36, 313 b). A respeito da sua evolução ver: H.U. von Balthasar, *Komische Liturgie. Das Weltbild Maximus' des Bekenners*, Johannes, Einsiedeln, 2ª ed., 1961, pp. 518-520.

[264] Ver, entre outros, *In Vigil. Nativ.* 1, 1 (*PL* 183, 87b) e 3, 8 (ib., 98c): "*contraxit se Majestas*".

Esse fato tem por consequência uma ruptura com a sacralidade difusa que caracteriza o mundo antigo, "pagão", se quisermos. Se o Pai tudo doou no Filho, ele nada mais tem a nos doar.[265] A Encarnação tem, portanto, como consequência certo desencantamento do mundo. Os textos do Novo Testamento exprimem esse fato falando da perda de seus poderes pelos "elementos do mundo",[266] e autores mais recentes puderam exprimi-lo poeticamente.[267]

Fala-se de bom grado de "secularização" e entende-se com isso a passagem de certas realidades de uma esfera concebida como sagrada ao domínio profano. Mas essa ideia não explica nada. Com efeito, é preciso ainda que exista algo como um domínio profano, o que não é de modo algum óbvio.[268] Ora, o nascimento de um domínio profano, que torna a secularização possível, só é concebível no terreno liberado por uma retirada do divino. E essa retirada, para o cristianismo, é o oposto de uma concentração numa figura singular.

Vê-se o paradoxo: a retirada do sagrado não decorre do fato de que este se recuse a isso permanecendo na sua transcendência, como é o caso nas teologias negativas esboçadas pelas filosofias (neoplatônicas) ou pelas religiões não cristãs, mas, ao contrário, do fato de que ela se dê plenamente. É o que exprimem os Padres na célebre sentença: "É mostrando-se que ele se esconde (*phainomenos kryptetai*)".[269]

Assim sendo, podemos nos perguntar se a atitude de um "laicismo" militante, desejando fundar a história

---

[265] Cf. São João da Cruz, *Subida del Monte Carmelo*, I, 22, 5, Madrid: BAC, 1989, p. 201.

[266] Cf. H. Schilier, *Mächte und Gewalten im Neun Testament* (Quaestiones Disputatae, 3), Herder, Friburgo, 1958.

[267] Penso aqui no tema da partida dos Elfos em *O Senhor dos Anéis*.

[268] Cf. Heidegger, *Nietzsche*, Neske, Pfullingen, 1961, t. 2, p. 146.

[269] Cf. Denys, *Lettre 3* (PG, 3, 1069b), depois Máximo, o Confessor, *Ambigua* (*PG*, 91, 1048d-1049a) e João Escoto Erígena, *De divisione naturae*, III (PG, 122, 633 c).

humana fora de qualquer referência a Deus, é sustentável no longo prazo. De minha parte, formularei a hipótese de que esse "laicismo" está engajado numa dialética que tende a levá-lo à autodestruição. Não é certo que possamos pretender ao mesmo tempo, por um lado, separar o domínio público do domínio privado para confinar neste último o religioso, e por outro, negar a presença do divino numa figura singular. Não corremos com isso o risco de favorecer a ressurgência de uma presença difusa de um "sagrado" impessoal?

Seja como for, no que concerne ao cristianismo, podemos examinar aqui três aspectos da união paradoxal: a natureza do objeto revelado; a presença histórica de Deus na Igreja; a presença carnal de Deus nos sacramentos.

A NATUREZA DO OBJETO REVELADO

O que é revelado no cristianismo não é um texto. Em particular, não é um texto que seria por princípio intraduzível, porque inimitável. Isso implica uma tomada de distância em relação a outros pensamentos. Também do islã, principalmente desde a solução da crise do mutazilismo pela afirmação do caráter não criado do Alcorão.[270] Ou ainda certas interpretações fundamentalistas do princípio "*sola scriptura*" no protestantismo. O cristianismo não é uma religião do livro. Sem dúvida, ele é uma religião que possui um livro, neste caso O livro, isto é, a Bíblia, que reúne numa unidade indissolúvel o Antigo e o Novo Testamento. O segundo constitui uma reinterpretação da experiência vétero-testamentária a partir do advento de Cristo.

Apesar disso, o objeto revelado não é de modo algum o Novo Testamento. Não é sequer a "mensagem", as palavras de Jesus. É a sua pessoa inteira: uma personalidade humana, a liberdade que a anima, a ação na qual ela se desenrola e

---

[270] Cf. *Encyclopédie de l'Islam*, s.v. al-Kur'ân, t. V, 428b (A. T. Welch).

cuja totalidade forma uma vida. Esta se concentra no evento pascal que se perpetua nos sacramentos da Igreja.

A Bíblia certamente é palavra de Deus, mas ela não é "A Palavra de Deus". Esta é o Verbo encarnado e apenas ele. No cristianismo não há "livro de Deus". Consequentemente, não há língua sagrada. E não há cultura sagrada. O que se torna sagrado pela encarnação nada mais é do que a própria humanidade. Cristo se apresenta como um modo singular, único, de viver a vida humana. A única "língua" que ele sacraliza é a humanidade de todo homem, à qual a encarnação confere uma dignidade inaudita.

A consequência disso é um inteiro modo de compreender a cultura. As línguas não são aplainadas e reduzidas a uma delas, supostamente normativa. Ambas se abrem a um Verbo que não é nenhuma delas. A encarnação do Verbo faz com que ele se traduza numa infinidade de culturas: as possibilidades de novas culturas e novas traduções permanecem abertas até o fim do mundo.

Historicamente falando, o nascimento da Europa está diretamente ligado a essa possibilidade: quando, depois das grandes invasões, os povos recém-chegados pediram o batismo, não se pensou em pedir a eles que adotassem uma nova língua, exceto para a liturgia. E mesmo assim, os missionários vindos de Bizâncio compuseram para os eslavos uma liturgia em língua vernácula. As línguas dos "bárbaros" foram respeitadas, e julgadas dignas de acolher o Evangelho. Isso não ocorreu sem resistência por parte dos defensores do latim, mas o conflito terminou com a legitimação oficial das línguas vulgares por decisões tomadas no mais alto nível.[271] Ela se manifestou no esforço de tradução das Sagradas Escrituras em língua vernacular, sobretudo onde esta fosse muito distante do latim: assim, para o antigo alemão, a harmonia dos evangelhos de

---

[271] Cf. P. Wolff, *Les origines linguistiques de l'Europe occidentale*, Paris: Hachette, 1970, cap. 4: "La tour de Babel", sobretudo p. 118.

Otfrid, depois da tradução gótica perdida de Úlfilas, para o antigo inglês as traduções do rei Alfredo, o Grande, ou para o eslavo as de Cirilo e Metódio. Daí provém a diversidade das línguas, e portanto das culturas, que fazem a Europa. Podemos observar aqui que essa política linguística prosseguiu fora das fronteiras da Europa, quando os missionários dela provenientes se encarregaram de redigir gramáticas e dicionários das línguas cujos falantes eles queriam evangelizar.

Reciprocamente, os cristãos nunca se preocuparam muito, ou seriamente, em rejeitar as literaturas antigas que, no entanto, veiculavam representações pagãs. Suas obras-primas foram conservadas, o que permitiu, como vimos, essa série ininterrupta de "Renascimentos" que constitui a história da cultura europeia.

A PRESENÇA DE DEUS NA HISTÓRIA

Para o cristianismo, Deus entra na história. Se ele entra, isso implica que está presente nela, mas não provém dela. Há uma história da salvação, uma economia da salvação — o que não é óbvio, já que o islã, por exemplo, não conhece essa noção.[272] A história está carregada de divino, mas ela não é o próprio divino. A história não é sacralizada. Tampouco é um lugar indiferente ao que se passa nela. Ela é menos ainda, em estilo gnóstico, "um pesadelo do qual tento me despertar".[273] A história é assumida no divino, sem se confundir com ele.

Para o cristianismo, a fonte de todo sentido é, em última análise, o Verbo, tal qual "ele estava no princípio junto de Deus", e tal qual ele "se fez carne" (*João* 1, 2.14). Esse Verbo existe de um lado como a razão e o sentido que precedem todos os caprichos do acaso ou do arbítrio humano.

---

[272] Cf. *supra*, cap. III, p. 66.

[273] Stephen, em Joyce, *Ulysses*, I.

Mas, decididamente, também existe como realização última de uma história da salvação que se concentra progressivamente na eleição de Israel e depois de um de seus filhos. A Igreja Católica é fiel a esse enraizamento na Antiga Aliança. Ela recusa qualquer tentativa de "soltar as amarras" que as unem,[274] desde a rejeição, no século II, da heresia de Marcião.

O evento pascal, como dissemos anteriormente, se perpetua nos sacramentos da Igreja. Dessa maneira, a história do cristianismo não é aquela das interpretações feitas a um texto. Ela é aquela dos santos. Em dois sentidos: ela é a história dos *sancta* (no neutro), das "coisas santas", dos sacramentos e do efeito deles; ela é também a história dos *sancti* e das *sanctae*, dos homens e das mulheres nos quais culmina o esforço da Igreja para se assimilar a Cristo.

É o motivo pelo qual o cristianismo faz a história de Deus passar pela história dos homens: ele se baseia no testemunho de homens, os doze apóstolos, e somente num segundo momento nos textos do Novo Testamento que registram seu testemunho autorizado.

A ENTRADA DE DEUS NA CARNE

A ideia de criação por um Deus bom tem como consequência uma tese sobre a natureza e a dignidade do sensível: as realidades sensíveis são boas em si. Elas são dignas de admiração e respeito. É a sua própria dignidade, e não uma suposta vilania da sua natureza, que impõe o dever de tirar delas bom proveito. A cultura europeia carrega a marca do que poderíamos chamar, exagerando um pouco, a santidade do sensível. O cristianismo, de maneira geral, posicionou-se, diferentemente da gnose e do maniqueísmo, do lado da corrente dominante da filosofia antiga,

---

[274] Cf. *supra*, cap. III, p. 64.

representada por Alexandre de Licópolis[275] e sobretudo por Plotino.[276] Mas Plotino recusa a encarnação e a salvação do corpo: uma ressureição com o corpo seria vã, a verdadeira "ressurreição" deve ser uma libertação do corpo.[277] Assim, os filósofos da Antiguidade tardia repreenderão os cristãos pela "paixão pelo corpo".[278] Portanto, para afirmar a bondade do mundo, eles se baseiam, sobretudo, na beleza e na ordem do cosmo. Em contrapartida, o cristianismo se baseia na vinda do Verbo de Deus na carne de Jesus. Aquilo cuja bondade é afirmada é, portanto, menos a natureza como tal do que aquilo que, dentro da natureza, é personalizado no corpo humano. A Igreja ainda indivisa aplica esse modo de ver afirmando, contra o catarismo, por exemplo, a bondade fundamental da criatura, e da criatura corpórea em particular.

Para o cristianismo, em geral, a encarnação confere à humanidade uma dignidade que é a mesma de Deus. Com efeito, ela explicita a ideia de criação à imagem de Deus afirmada na *Gênesis* (1, 26): o que no homem é imagem de Deus não é uma de suas faculdades — a inteligência, por exemplo, que leva a ponderar a humanidade do homem em razão direta da sua inteligência, e a recusá-la ao homem estúpido.[279] A imagem de Deus no homem é sua humanidade, na sua integralidade. O que no homem é assumido pela divindade chega à dimensão carnal da pessoa: a encarnação vai até o fim, até o mais baixo, até o corpo. Deus

---

[275] Alexandre de Licópolis, *Contre la doctrine de Mani*, ed. A. Villey, Paris: Cerf, 1985.

[276] Plotino, *Enéadas*, II, 9 [33]. Cf. Endre von Ivánka, *Plato Christianus. La reception critique du platonisme chez les Pères de l'Église*, Paris: PUF, 1990, pp. 115–123.

[277] Ibidem, III, 6 [26], 6, 71 e ss.

[278] Cf. Celso, em Orígenes, *Contra Celso*, V, 14 (SC n° 147, p. 48); VII, 36, 42, 45 e VIII, 49 (ibid., n° 150, p. 96, 112, 122, 280).

[279] R. Brague, "Le déni d'humanité. Sur le jugement 'ces gens ne sont pas des hommes' dans quelques textes antiques et médiévaux", *Lignes*, n° 12, pp. 217–232.

tomou corpo e se dirige ao corpo. O corpo humano entra dessa maneira num destino inaudito, já que é chamado a ressuscitar. Esse destino faz do corpo um objeto de grande respeito, o respeito que se liga àquilo a que Deus se ligou de maneira irrevocável.

O PRÓPRIO DO CATOLICISMO

Num sentido, a Igreja Católica não considera que possui algo próprio. Admiti-lo seria renunciar pelo mesmo fato a pretensão à universalidade. Situo-me aqui apenas no nível dos princípios afirmados. E não distingo o que me parece, nesse nível, indistinto: o catolicismo latino e a ortodoxia grega.

Quanto ao que chamei de distinção paradoxal, a dos poderes espiritual e temporal, a Reforma provocou, tanto no mundo reformado quanto no mundo católico, uma deriva rumo ao controle das Igrejas nacionais pelas autoridades políticas. Lutero devolveu as tarefas de organização eclesial à autoridade mundana dos príncipes alemães; Henrique VIII confiscou-as em benefício do soberano anglicano. Nos países que permaneceram católicos, a possibilidade de passar à Reforma serviu aos soberanos como meio de chantagear o papa a ceder-lhes parte de seu poder — em particular, o controle sobre os bens da Igreja. Constatamos isso na Áustria com o josefismo. Constatamo-lo também na França monárquica, com o movimento galicano. A França revolucionária buscava no fundo o mesmo resultado com a tentativa de uma "constituição civil do clero". A Igreja Católica manteve no nível das suas afirmações de princípio a necessidade de uma separação. Sua história concreta coincide em grande medida com a dos esforços empregados pelo papado contra as tentações de confiscação pelo poder temporal dos meios que permitissem exercer pressão sobre o espiritual.

Quanto à união paradoxal, a Igreja Católica leva ao extremo a ideia segundo a qual Deus entrou na história: a encarnação é irreversível. Ela não é uma aventura (ou um avatar) do Verbo que se retiraria da história para figurar nela apenas como um exemplo. O Verbo deixa nela traços indeléveis. A história contém em si um lugar onde se perpetuam esses traços. É a Igreja, lugar da salvação, templo do Espírito que nela não cessa de fazer memória do Cristo. Isso se vê em dois pontos, aliás estreitamente ligados:

a) Quanto à estrutura da Igreja, a Igreja Católica continua a se reunir em torno dos bispos, os sucessores dos apóstolos. Ela se concretiza em torno de homens singulares, que portam um nome próprio e que são singularizados em razão da sua escolha por outros homens singulares. A Igreja não possui existência fora das pessoas concretas. Esse caráter pessoal a impede de se definir em relação a uma ideologia, como uma "linha".

b) Quanto à doutrina dos sacramentos, o dogma da Igreja Católica confessa que a presença, na eucaristia, do corpo do Cristo ressuscitado é, de fato, real. E, portanto, que independe da subjetividade do crente que afirma essa presença no momento em que comunga o pão consagrado, mas que se entrega como objeto de adoração numa presença que perdura enquanto as espécies eucarísticas são suscetíveis de serem comungadas.

O catolicismo histórico teve um papel particular na afirmação da bondade do sensível? Nesse campo, a Igreja Católica não possui uma doutrina particular. E os fenômenos culturais que são acessíveis à verificação histórica não permitem afirmar um vínculo de causalidade incontestável. Podemos no máximo constatar, por exemplo, certa convergência entre os países católicos e a grande pintura. Talvez aquele que falou da "Rendição de Breda", de Velázquez, como de um "sacramento militar"[280] tivesse mais razão do que pensasse. Mas essa afinidade é da mesma ordem, não necessária, que aquela que constatamos entre os países reformados e a música. Uma convergência desse tipo apresenta de qualquer modo um problema de método: em que medida certa sensibilidade, que podemos identificar nos países latinos, danubianos ou na Irlanda, provém do seu catolicismo? Em que medida, ao contrário, ela preexistia, comunicando-lhe certo tom que nada tem de dogmático? Nessa matéria, é difícil sair de certo círculo, que, talvez, seja necessário. A ligação com o catolicismo é mais sólida na arquitetura: o fato barroco, como arte da Contrarreforma, pode ser interpretado como uma afirmação da bondade intrínseca de um mundo, no entanto, perecível e ferido.

Se fizermos questão de isolar o que o catolicismo tem de próprio e recapitulá-lo na unidade, poderíamos talvez buscá-lo do lado de certa seriedade com que se considera a encarnação, a carnalidade transfigurada pelo Verbo.[281] A carne é indissoluvelmente tecido histórico na sucessão apostólica, espécies sacramentais, corpo vivente, realidade sensível. Se quisermos buscar ilustrações literárias dessa atitude de respeito pela carne e pelo sensível, poderemos pensar em Hopkins, Claudel ou, no nível reflexivo, a tudo que disse Péguy sobre o "carnal".[282]

---

[280] Carl Justi, *Diego Velazquez und sein Jahrhundert*, I (1888), p. 366.

[281] Sobre o conceito medieval de carne ver: R. Brague, "A Medieval Model of Subjectivity: Toward a Rediscovery of Fleshliness", in: R. Lilly (ed.), *The Ancients and the Moderns*, Indiana University Press, 1996, pp. 230–247.

[282] Ver, por exemplo: *Œuvres en prose*, Pléiade, t. 2, "A nos amis [...]", p. 42; "Clio [...]", p. 249; "Note sur M. Bergson [...]", p. 1340; "Note conjointe sur M. Descartes [...]", p. 1418.

CAPÍTULO IX
CONCLUSÃO:
A EUROPA AINDA É ROMANA?

O ensaio que precede se propôs, com a liberdade consentida por esse gênero literário, a efetuar uma leitura da história cultural da Europa. Não se tratava, portanto, de inventariar mais uma vez o seu conteúdo, nem tampouco de contar uma história qualquer, mas de refletir sobre o sentido de uma aventura ou de uma experiência. Meu objetivo não é convidar o europeu a lançar um olhar satisfeito aos resultados obtidos. Desejo antes propor-lhe, com o conceito de "romanidade" que tentei destacar, um modelo de prática cultural que não me parece ter perdido em nada sua atualidade, ou sua urgência.

Gostaria de indagar, para concluir, em que medida o modelo que proponho ainda pode valer como norma. Em primeiro lugar, o que poderia impedir o prosseguimento da aventura. Perguntarei, portanto, quais são as ameaças que pesam sobre a Europa. Não os diversos problemas que podem se apresentar à Comunidade Europeia: esses problemas externos, como a concorrência econômica do Extremo Oriente, o esfacelamento de uma parte do mundo leninista, a miséria do Terceiro Mundo, ou internas, como a escassez demográfica, a assimilação dos imigrantes, a degradação dos sistemas educativos, etc., são (talvez) ameaças para a Europa enquanto realidade geopolítica.

Neste ensaio, ocupo-me apenas da Europa enquanto realidade cultural. Sei que ela não flutua no éter das ideias puras e que requer uma base concreta sã, particularmente onde a cultura interfere no domínio político: a educação. Mas prefiro deixar o problema dessa fundação a outros mais competentes para questionar apenas o que poderia impedir a Europa de continuar sendo ou de voltar a ser ela mesma, aquilo que ameaça, por assim dizer, o europeísmo da Europa — para mim, sua "romanidade".

MARCIONISMO E MODERNIDADE

Observa-se que as referências históricas do presente ensaio são tiradas, sobretudo, da Antiguidade e da Idade Média. Primeiramente, porque, é claro, é o campo que conheço menos mal. Mas há também uma razão de fundo: foi na Idade Média que a Europa se constituiu distinguindo-se dos seus diferentes "outros". Não tenho qualquer intenção de inspirar o sonho de uma Idade Média mítica durante a qual Europa e cristandade estiveram unidas numa sociedade orgânica e sem conflitos. Há nisso uma lenda fomentada pela nostalgia romântica de uma sociedade pré-revolucionária.[283] Já faz algum tempo que os historiadores fizeram justiça ao tema.

Mas, ainda que a tenhamos exorcizado, uma questão permanece inevitável: se a Europa se constituiu na Idade Média, e supondo que a modernidade seja de fato uma saída da Idade Média, a modernidade é um perigo para a Europa? Seria preciso aqui fazer uma série de perguntas: a modernidade é uma ruptura com a Idade Média? Ou está em continuidade com ela, sendo, portanto, sua herdeira

---

[283] Novalis, *La chrétienté ou l'Europe* (1799). Para o contexto, ver o rascunho de: P. Kluckhohn, *Das Ideengut der deutschen Romantik*, Niemeyer, Tübingen, 1966 (5ª ed.), p. 126 e ss.

legítima? E ainda, o que é a modernidade? Compreende-se que não posso pretender resolver essas perguntas, nem sequer fazê-las corretamente no contexto deste ensaio.

Podemos abordar o problema sob o prisma de um conceito que utilizei anteriormente, o de marcionismo.[284] Assistiríamos a um retorno da gnose e, em particular, do marcionismo? Registro a existência de um debate no qual não posso entrar aqui.[285] Eric Voegelin buscou considerar não apenas certas tendências da modernidade, mas o conjunto do seu projeto como uma ressurgência da gnose. Ele não nomeia os gnósticos concretos contra os quais lutaram os Padres e em particular nada diz sobre Marcião.[286] Ao contrário, Hans Blumenberg caracterizou a Idade Média como um esforço de ultrapassar a gnose, mas um esforço que durou pouco. Seu fracasso explicaria em grande parte a necessidade da passagem à modernidade e, por conseguinte, segundo o título da sua obra fundamental, a "legitimidade dos tempos modernos".[287]

Podemos distinguir dois traços marcionistas da modernidade: em relação à história, em relação à natureza.

a) Marcionismo histórico

Caracterizei acima a atitude de ruptura total com o passado, considerado como se não tivesse mais nada a nos ensinar, de marcionismo cultural.[288] Porém, podemos indagar

---

[284] Cf. *supra*, cap. III, p. 64.

[285] Cf. J. Taubes, "Das stählerne Gehäuse und der Exodus daraus oder ein Streit um Marcion, einst und heute", in: *Gnosis und Politik*, Schöningh/Finkm Paderborn, 1984, pp. 9–15.

[286] E. Voegelin, *The New Science of Politics. An introduction*, The University of Chicago Press, 1952, XIII, sobretudo o capítulo IV: "Gnosticism — The Nature of Modernity" e p. 126: o progresso do gnosticismo é a própria essência da modernidade.

[287] H. Blumenberg, "Theologischer Absolutismus und humane Selbstbehauptung", 2ª parte de *Die Legitimität der Neuzeit*, in: *Säkularisierung und Selbstbehauptung*, Suhrkamp, Frankfurt, 1974, p. 143 e ss.

[288] Cf. *supra*, cap. V, p. 114.

se a modernidade não estaria especialmente ameaçada por essa heresia. Em todo caso, é o que deve se produzir se a modernidade for inseparável da ideia de um progresso que permitiria licenciar definitivamente um passado supostamente obscuro. Essa ideia de progresso forma um sistema com a historicização do passado que já foi rapidamente evocada.[289] Na verdade, não se deve permitir que o passado enterrado caia no esquecimento, mas que seja imobilizado numa memória para que o progresso possa sentir sua própria realidade medindo a distância percorrida.

Se a romanidade da Europa diz respeito à sua relação com o helenismo, parece que essa relação corre o risco de se perder. Imaginamos não ter mais nada a aprender com uma fonte clássica, e, consequentemente, mais nada a ensinar à barbárie. Sem dúvida, os estudos antigos podem continuar alimentando uma corporação bastante numerosa de filólogos e historiadores. Mas, por um lado, a referência clássica não é mais óbvia para o público, mesmo culto; por outro, mesmo dentro dos meios especializados nos chamados estudos "clássicos", é a própria ideia de que certos textos possam ter um valor clássico que recuou, em prol da objetividade, real ou pretendida, de um olhar puramente histórico. Praticamente ninguém ousa defender que os antigos possam ter algo a nos ensinar. As fontes da cultura europeia estão colocadas no mesmo patamar de outras civilizações. Esse abandono pode se explicar pelo mesmo fenômeno de compensação que vimos anteriormente:[290] o fim do privilégio reconhecido aos estudos clássicos é contemporâneo à descolonização. Martelar implicitamente que somos apenas um bárbaro a instruir sem que pudéssemos nos redimir com os indígenas talvez não fosse mais suportável...Tudo se passa como se certo equilíbrio entre sentimento de superioridade

---

[289] Cf. *supra*, cap. V, p. 110.

[290] Cf. *supra*, cap. II, p. 44.

e sentimento de inferioridade se recompusesse em outro nível; mas já não constituindo uma tensão capaz de gerar um dinamismo. Ele não é mais do que uma mistura de não--superioridade e não-inferioridade. Vemos, lado a lado, um sentimento de culpabilidade diante de uma liderança que mais nada justifica e um desprezo mais ou menos confesso para com os pretensos "subdesenvolvidos". O sonho da filologia era tornar-nos gregos de novo. Esse sonho se realizou. Mas de modo irônico. Quisemos passar por cima dos romanos para nos tonarmos nós mesmos os modelos da cultura. Com isso, suprimimos a distância entre o grego e o bárbaro que constituía a própria romanidade, distância que permitia a aculturação. Tornamo-nos, assim, bárbaros, não mais bárbaros helenizados, mas gregos barbarizados, apenas semiconscientes da própria barbárie. A expansão europeia pôde causar, no passado, a difusão de uma cultura com vocação universal. Esta se desvencilhou dos conquistadores europeus, ou se virou contra eles. Mas se hoje o imperialismo consiste apenas em impor a outrem seu próprio modo de vida, o modo de vida particular de uma determinada região geográfica e econômica, ele não tem mais qualquer legitimidade.

b) Marcionismo técnico

A técnica moderna repousa no postulado segundo o qual é preciso refazer o mundo. Significa, portanto, que ele está mal feito. Desse modo, a modernidade aceitou uma premissa fundamental da gnose: o mundo natural é mau, ou, pelo menos, não é bom. A ciência galileana e newtoniana tornou impossível ver o universo físico como se fosse governado por princípios análogos aos que regulam nossa ação. Somos uma exceção — e talvez apenas aparente — num universo governado por puras relações de força. A ciência moderna da natureza nos obriga a admitir a neutralidade moral do seu objeto. Mas ela cura a ferida que abre na medida em que permite ao mesmo tempo corrigir, pela técnica, o que a natureza tem de imperfeito.

É interessante notar que essa visão do mundo coexiste com o marcionismo em alguns de seus representantes mais importantes. Espinosa, que absorve nas leis da natureza em geral a exceção que parece constituir o homem, também é o autor do *Tratado teológico-político* que implica uma rejeição do Antigo Testamento em prol do que ele chama de Cristo. Schopenhauer, que implantou no pensamento europeu do final do século XIX a convicção de que o universo é mau, defende os gnósticos e aprova a empreitada marcionista de separação dos dois Testamentos em benefício do único Novo — ele próprio tendendo ao budismo.[291]

AINDA SOMOS ROMANOS?

a) Relação com a história

A perda de um contato explicitamente buscado com as fontes antigas me parece real. Ela me parece até mesmo lamentável. Um mundo no qual o acesso direto a Homero ou Virgílio seria feito apenas por especialistas me pareceria singularmente empobrecido e me associo aos esforços empregados em favor dos estudos clássicos.

Mas essa perda tampouco me parece a mais grave. Essa relação com as fontes antigas, no fundo, é apenas o paradigma de algo mais geral, isto é, a secundariedade cultural, a atitude "romana". Mais grave seria a perda dessa diferença de potencial entre um classicismo e uma barbárie que me parecem constituir o motor da Europa. O classicismo (o polo "helênico") pode se situar para além da manutenção da herança grega; a barbárie, igualmente, pode ser interior,[292] e sua conquista não tem qualquer necessidade de se desdobrar em imperialismo ou colonização. Portanto, a

---

[291] *Die Welt als Wille und Vorstellung*, II, IV, 48, p. 791, 796.

[292] Cf. M. Henry, *La barbarie*, Paris: Grasset, 1987.

questão mais grave parece-me ser a que consiste em saber se o desnivelamento fundador ainda se encontra.

O perigo para a Europa não pode vir de fora. Pela simples razão que ela não pode se conceber como um "dentro". O perigo reside justamente neste modo de ver: uma vez que nos consideramos como um espaço fechado, separado dos outros, o que está no exterior só pode parecer uma ameaça. Vemos um eco disso nos problemas ligados à imigração: a importação de mão de obra dá lugar ao fantasma da invasão de um "interior" por um "exterior" que supostamente perturba sua pureza. Enquanto a Europa se conceber desse modo, ela demonstrará que não crê que aquilo que tem a propor possa interessar àqueles que o acaso fez nascer fora de suas fronteiras.

Assim, o perigo para a Europa seria cessar de se referir àquilo em relação a que ela se fez estrangeira e inferior, para pregar a si mesma, para entregar-se a si mesma como exemplo na sua particularidade. Seria grave se a Europa considerasse o universal de que é portadora (o "grego" do qual somos os "romanos") como uma particularidade local válida apenas para ela e que não deve se estender a outras culturas. Porém, às vezes ouvimos dizer, por exemplo, que a liberdade, o estado de direito, o direito à integridade corporal, etc., não seriam bons para certos povos cuja tradição, que supostamente merece um respeito infinito, defende o despotismo, a mentira oficial ou a mutilação. Como se a liberdade e a verdade fossem bizarrices locais comparáveis ao uso do kilt ou ao consumo de escargot.

É possível que a tentação seja exorcizada apenas se a Igreja cristã continuar a opor-se-lhe também com firmeza no nível mais fundamental, preservando na sua relação com a Antiga Aliança a consciência do seu caráter secundário. Vimos, com efeito, que a secundariedade no campo religioso não diz respeito ao tempo: a Antiga Aliança não é um passado do qual se afastar, mas um fundamento permanente.²⁹³ Portanto, ela não entra na dialética do progresso e da historicização da qual a relação com o passado "clássico", em contrapartida, não pode escapar. É nesse nível que interessa salvaguardar a mais viva consciência dele.

b) Relação com a natureza e com o corpo

Não podemos mais ser pagãos, visto que a Natureza perdeu para nós a evidência da sua bondade. A convicção da bondade do universo e da sua boa ordem durou sem qualquer contestação da Antiguidade até o fim da Idade Média. Não podemos mais reafirmá-la na era técnica. Apesar do modo inadequado como entendia os deuses gregos, Marx tinha razão ao menos neste ponto: não podemos mais crer nos deuses olímpicos agora que podemos produzir os efeitos que lhes eram outrora atribuídos.²⁹⁴

No entanto, muito antes que a técnica nos impedisse de crer nos deuses do paganismo, Israel recebera o veto de prestar-lhes culto. Os profetas se dedicaram à desmitificação dos poderes naturais recusando-se a dobrar os joelhos diante deles, sejam corpos celestes ou elementos da fecundidade vegetal e animal (fontes, fenômenos atmosféricos, órgãos sexuais, etc.). Eles são reduzidos ao estado do que foi criado em função do homem. Observamos isso desde a narrativa da criação que abre nossas Bíblias: o sol e a lua não são nomeados, mas reduzidos ao status de lâmpadas e de medidas do tempo. O cristianismo não volta atrás nessa radical desmitificação.

Ele conduz a certa atitude diante da natureza. Uma natureza que não é mais considerada sagrada torna-se acessível ao homem. Este tem a função de dominá-la. Não se

---

²⁹³ Cf. *supra*, cap. V, p. 113.

²⁹⁴ Marx, *Introduction générale à la critique de l'économie politique*, Œuvres, Pléiade, t.1, p. 265.

trata de submetê-la aos seus caprichos esgotando-a, mas de se servir dela como instrumento dos atos de liberdade que apenas o homem pode executar. É necessário, portanto, reivindicar uma legitimidade cristã da utilização técnica da natureza.[295] Pode até ser que a desmitificação trazida pelo cristianismo tenha tido uma participação não somente no surgimento da técnica mas também da ciência moderna que a possibilita. Forçando-a a sair do universo do paganismo antigo, o cristianismo contribuiu, na verdade, para tornar necessária uma nova física, assentada em outros conceitos para além da física grega, de inspiração aristotélica. É talvez o que podemos encontrar na polêmica de João Filopono contra esta.[296]

Mas convém, em seguida, reafirmar a bondade do corpo. Primeiramente como realidade biológica — supondo que a ótica da biologia baste para esgotar ou apreender o fenômeno do corpo. E, sobretudo, como realidade pessoal. O cristianismo tem aqui algo a dizer. Aliás, talvez a Igreja Católica possua, nessa afirmação da bondade do corpo, um segredo precioso para a nossa época, e de grande atualidade, num momento em que o corpo humano, considerado puramente como máquina, corre o risco de ser ameaçado, em função dos progressos da genética, por uma agressão sem precedentes, não mais do exterior, mas do interior; um ataque que visa não mais a destruir, mas pretende reconstruí-lo segundo um plano determinado.

O cristianismo possui na sua tradição um adágio sobre a graça que não suprime a natureza, mas a torna perfeita (*gratia non tollit sed perficit naturam*). Poderíamos aplicar esse princípio à relação técnica com a natureza. Não se trata de adorar uma natureza divinizada, nem de sonhar

---

[295] Cf. J.-M. Garrigues, *Dieu sans idée du mal. La liberté de l'homme au cœur de Dieu*, Paris: Desclée, 1990 (2ª ed.), p. 27.

[296] Reconhecemos aqui a tese central de P. Duhem exposta em sua obra monumental *Le systéme du monde*, prolongada na obra de S. Jaki.

com o afastamento de uma natureza demonizada, mas de instituir uma relação suave com ela. A técnica certamente pode aperfeiçoar a natureza, mas não se trata de suprimir dela aquilo que a faz chegar ao seu ápice: o corpo humano como lugar da encarnação e como suporte da pessoa.

Talvez seja preciso recordar aqui algo que poderíamos chamar de terceira romanidade. Ela não se situaria mais em relação à herança religiosa "judaica" ou à herança cultural "grega", mas em relação à natureza. Trata-se, aqui também, de reconhecer que somos herdeiros e devedores de uma sabedoria e de uma revelação que nos precedem: a "sabedoria do corpo" (Nietzsche) e a aparição na carne de um rosto pessoal.

A EUROPA E O CRISTIANISMO

O cristianismo e sua versão católica, tiveram um papel no início da construção europeia, através da fé de seus protagonistas, que estavam convencidos ao mesmo tempo da unidade profunda de uma civilização e da malícia radical das relações internacionais fundadas na violência. Mas a fé cristã não tem de intervir na construção europeia no sentido de fornecer receitas permitindo resolver de modo mais satisfatório este ou aquele problema técnico. Não que essa dimensão seja vil ou subalterna. Ao contrário, é essencial, e parece-me ser uma marca do espírito católico recusar um espiritualismo etéreo. É bastante desejável que cristãos se disponham a resolver os problemas concretos da sociedade moderna. Mas no que diz respeito à análise desses problemas, a fé não lhes fornece nenhuma luz particular.

Em contrapartida, talvez o cristianismo pudesse ajudar a conferir à construção europeia algo de inaparente que, por essa razão, passa totalmente despercebido. Esse "algo" é nada menos que o próprio objeto dessa construção. Pois estamos certos de que isso que se constrói é verdadeiramente a Europa? E não apenas uma zona de livre-comércio, ou um centro de força, que se definiria apenas por sua posição geográfica e pelo nome que recebeu, de modo acidental, um "pequeno cabo do continente asiático" (Valéry)?

Para que a Europa permaneça ela mesma, não é necessário que todos os que a povoam se reconheçam explicitamente cristãos, menos ainda "militantes". O "sonho de Compostela", de uma reconquista — feita com que meios? — parece-me existir apenas na cabeça daqueles que o denunciam. Resta, no entanto, indagar se a Europa pode dispensar os elementos que tentamos encontrar anteriormente sem se desnaturalizar.

A Europa deve permanecer, ou voltar a ser, o lugar de separação do temporal e do espiritual e, mais ainda, da paz entre eles — cada qual reconhecendo a legitimidade do outro no seu domínio próprio. Ela deve permanecer, ou voltar a ser, aquela em que se reconhece uma ligação íntima do homem com Deus, uma aliança que vai até as dimensões mais carnais da humanidade, que devem ser objeto de um respeito indefectível. Ela deve permanecer, ou voltar a ser, aquela em que a unidade entre os homens não pode ser feita em torno de uma ideologia, mas nas relações entre pessoas e grupos concretos. Se esses elementos se apagarem totalmente, teremos construído algo, eventualmente algo durável. Mas ainda será a Europa?

Não sei se a Europa tem um futuro. Creio, no entanto, que sei como ela poderia evitá-lo: uma Europa que se pusesse a crer que aquilo que carrega vale apenas para si, uma Europa que buscasse sua identidade concentrando-se naquilo que tem de particular (por exemplo, num "indo-europeu" de fachada) já não mereceria um futuro. A tarefa cultural que aguarda a Europa de hoje, portanto, poderia consistir, no sentido que emprego, em voltar a ser romana. Se a Europa deve retomar consciência de si mesma, ela deverá fazer prova simultaneamente — permito-me utilizar duas línguas num jogo de palavras, por sinal bastante europeu — de *Selbstbewusstsein* e de *self-consciousness*. Esses dois aparentes sinônimos designam, na verdade, coisas opostas. Traduzamos aplicando-os à Europa: ela deverá estar consciente ao mesmo tempo do seu valor e da sua indignidade. Do seu valor face à barbárie interna e externa que deve controlar; da sua indignidade em relação ao conteúdo do qual ela é apenas mensageira e serva.

POSFÁCIO

Se ao invés de um "prólogo com casco" ofereço aqui toda uma armadura, veremos que ela é feita apenas de algumas chaves e muitas reticências.

A ideia de escrever este ensaio veio, é claro, da perspectiva da unificação europeia. Ela já provocou uma reflexão que não se restringiu ao modo de garantir que cada um tire proveito dela. Ela convida igualmente a interrogar-se acerca do passado da Europa reconectando-o ao ponto de vista da sua unidade que se avizinha. Muitos bons trabalhos recentes (por exemplo, K. Pomian) tentaram fazer uma história da Europa ou da ideia europeia. Quanto ao alicerce histórico que pressuponho, posso apenas remeter a esses trabalhos.

Minha proposta é outra e 1992 foi apenas uma ocasião. Com efeito, tento interrogar-me aqui acerca da essência da Europa, daquilo que ela é no fundo. Mas, para tanto, não me proponho a estabelecer o inventário do conteúdo da cultura europeia, a fazer sua "análise espectral", à maneira de Keyserling. Não busco medir a contribuição de cada tradição religiosa ou nacional e menos ainda a contribuição dos indivíduos. Aqueles que eventualmente cito intervêm apenas naquilo que pode esclarecer meu único objeto.

Este não é o *conteúdo* da cultura europeia, de que trato apenas de modo oblíquo, mas unicamente a sua *forma*. Trata-se para mim, no tocante à transmissão desse conteúdo, de clarear o dinamismo interno que torna possível a aventura cultural da Europa. Qualifiquei essa competência aqui de "romana". Como visto, tratei de isolar e generalizar menos a Roma republicana ou imperial do que um aspecto da história ou do seu mito cultural.

Por um lado, constato a fecundidade passada dele. Mas desejo também contribuir para que ele não se esgote. Não se trata, portanto, unicamente de descrever um passado mas, também, de projetar um futuro (re)propondo à Europa um modelo de relação com o que lhe é próprio.

Não me imagino falando a partir do nada e o leitor tem o direito de saber quem se dirige a ele, qual é o meu ponto de vista, onde se situa o que sei mais ou menos mal. Sou francês, católico, filósofo de formação, acadêmico de profissão. Meu campo de pesquisa, partindo do pensamento grego clássico, orienta-se atualmente para a Idade Média, sobretudo judaica e muçulmana.

Minhas origens explicam certas ênfases e certos silêncios. E, em primeiro lugar, a intenção de escrever este ensaio. Europeu, escrevendo a respeito da Europa, sou parte interessada naquilo que falo. Apesar da preocupação com a objetividade que me impõe a ética comum a todo escritor, não posso imaginar ter me desvencilhado de todos esses laços.

Minha nacionalidade e minha formação explicam o lugar que ocupam as referências francesas ou certa preponderância dos domínios culturais germânico e anglo-saxão sobre os domínios latino e eslavo. Minha profissão explica o passo dado à transmissão da herança filosófica para outras dimensões da cultura (capítulo IV). Minha crença religiosa explica minha insistência no papel do cristianismo na formação da Europa (capítulo VI) e minha tentativa de valorizar a contribuição da Igreja Católica.

Minhas origens explicam também certos pudores: hesitei em falar detidamente dos mundos ortodoxo e protestante, seja para avaliar sua contribuição positiva à história europeia, seja para mesurar sua responsabilidade nas dimensões mais sombrias dela. Preferi deixar a cada um o trabalho de reivindicar seu passado ou reconhecer a própria culpa. Meu tema me obrigava, em contrapartida, a falar do judaísmo e do islã, considerados desde o ângulo da sua influência cultural. Fi-lo com o máximo respeito, mas inevitavelmente desde fora.

Não quero, no entanto, reduzir o que disse à expressão de uma vaga "sensibilidade". Pretendo fornecer argumentos que serão julgados pelo que valem.

*

Alguém poderá se surpreender ao encontrar numa obra que se apresenta como um ensaio um aparato que a distancia das regras de leveza próprias desse gênero literário: uma anotação abundante e repleta de referências bibliográficas. De modo algum busco exibir minha erudição: os peritos adivinharão sem dificuldade que em vários pontos ela é de segunda mão. Ao contrário, gostaria de colocar à disposição do leitor, toda vez que indico um fato pouco conhecido, que pode levá-lo a desconfiar de mim, a indicação do verdadeiro erudito que poderá ensinar-lhe mais a respeito disso.

Na verdade, não citei tudo que li e menos ainda tudo que deveria ter lido. Do mesmo modo, tomei a liberdade de citar os livros nas edições que tinha à disposição — tanto no original, quanto em tradução.

Várias das ideias que desenvolvo aqui foram esboçadas primeiramente em textos publicados em outros lugares, particularmente:

"L'avenir romain de l'Europe", *Communio*, IX-2 (março–abril de 1984), pp. 123-130.

"Christianisme et culture. Quelques remarques de circonstance", *Communio*, XI-2 (março–abril de 1986), pp. 46-63.

"L'Europe et le défi chrétien", *Communio*, XV-3-4 (maio–agosto de 1990), pp. 6-17.

"Les intermédiaires invisibles: entre les Grecs et nous, Romains et Arabes", in: R.-P. Droit (org.), *Les Grecs, les Romains et nous. L'Antiquité est-elle moderne?*, Le Monde édition, Paris: 1991, pp. 18-35.

"I fondamenti dell'Europa. Il cristianesimo come forma della cultura europea", in: *Cristianesimo e cultura in Europa. Memoria, coscienza, progetto. Atti del Simposio presinodale* (Vaticano, 28-31 de outubro de 1991), CSEO, 1991, pp. 25-36.

Conquanto não quisesse, nem pudesse, fazer obra de historiador, foi-me necessário sobrevoar largos blocos de história. Amigos competentes aceitaram reler o manuscrito, poupando-me de certos equívocos, reparando algumas omissões e encorajando-me a clarear mais de um ponto que eu tratara de modo excessivamente alusivo.

É o caso de Marie-Hélène Congourdeau (CNRS, história bizantina) e do Pe. Guy Bedouelle O.P. (Friburgo, história da Igreja). Minha colega Françoise Micheau (Paris I, história do Oriente Médio medieval) ofereceu-me generosamente seu tempo efetuando uma varredura completa e indicando muitos documentos preciosos. Indicarei com suas iniciais aquilo que lhes devo diretamente. Philippe Cormier (Nantes, filosofia) e Guy Stroumsa (Jerusalém, religião comparada) leram o manuscrito em diferentes estágios de sua elaboração. Thierry Bert leu meu texto enquanto teórico e prático dos assuntos europeus. Corinne Marion, por quem tenho a honra de ser editado, desempenhou seu trabalho com consciência e gentileza.

Todos me indicaram valiosas correções e precisões. Exprimo-lhes meu mais vivo reconhecimento. Mas inocento todos das incongruências que permanecem neste ensaio, e os absolvo de qualquer cumplicidade com a sua tese central.

O título desta obra é excelente. Por isso mesmo, envergonho-me por não ter sido eu a encontrá-lo, mas me alegro de ter aqui mais uma ocasião para agradecer a Jean-Luc Marion.

Enfim, dedicar esse trabalho à minha esposa, que corrigiu o autor e sustentou a obra — senão o contrário — não é mais do que devolver-lhe o que é seu.

Paris, outubro de 1991

* * *

Aproveito a reedição dessa obra para fazer algumas correções e acréscimos. É esta versão alargada que foi confiada aos tradutores.

Paris, janeiro de 1993

ÍNDICE ONOMÁSTICO

A

Abraão 55, 60
Abravanel, Isaac 51
Abû Sulaimân as-Sijistâni 88
Adão 60, 103
Al-Afghani 80
Alberto Magno 79
Al-Biruni 128, 129
Alceu 82
Alexandre de Afrodísias 73
Alexandre de Licópolis 158
Alexandre Magno 15, 22
Al-Farabi 81, 107
Alfredo, o Grande 156
Algazali 62, 105
Al-Hakim (Abu Ali Almançor Taricu Aláqueme) 48
Almocafa, Ibne 77
Alverny, Maria Teresa de 51
Amalvi, Christian 33
Amin, Samir 123
Apel, Karl Otto 41
Arendt, Hannah 34

Aristóteles 42, 67, 72, 73, 75, 83, 93, 95, 96, 144
Aristóxenes 69
Arkoun, Mohammed 102
Arnaldez, Roger 61, 62
Arnold, Ivor 136, 138
Arnold, Matthew 30
Asterix 32
Auerbach, Erich 89
Averróis 51, 79, 80, 96, 102
Avicena 80, 81

B

Baader, Franz von 113
Balthasar, Hans Urs von 52, 104, 152
Balty-Guesdon, M.-G. 76
Becker, Carl Heinrich 22, 103
Benveniste, Emile 38
Bertola, F. 127
Bieler, Ludwig 40
Bloch, Ernst 58

Bloom, Allan 101
Blumenberg, Hans 165
Boécio 83
Borst, Arno 91
Bouvet, Honoré 135, 136, 137
Boyer d'Argens, J.-B. 132, 133
Boyer, Jean-Baptiste de 132
Brague, Rémi 30, 37, 55, 74, 102, 127, 130, 134, 145, 158, 161
Breker, Arno 121
Brunschvig, Robert 77
Buber, Martin 58

C

Cadalso 114
Calidaça 116
Canetti, Elias 24
Carlos Magno 67
Cassin, Barbara 34
Cassiodoro 82
Castro, Américo de 53
Cerquiglini, Bernard 33
Chardin, Jean 129
Chestov, Léon 30
Chklovski, Victor 126
Cícero 82, 111
Cirilo 156
Confúcio 116
Congourdeau, M.-H. 92
Conrad, Joseph 43
Constantino 148
Copérnico 134
Curtius, Ernst Robert 41

D

Dagens, Claude 117
Dahan, Gilbert 53
Damáscio 67
Dante Alighieri 41, 142
Dario 118
Daube, D. 147
Demócrito 69
Derrida, Jacques 109
Descartes, René 132
Deschamps, Eustache 138
Diehl, Charles 107
Diógenes de Enoanda 68
Diógenes Laércio 69, 73
Dostoiévski 142
Droit, Roger-Pol 21, 178
Dufresny, Charles 131
Dufresny, Charles Rivière 132
Dunlop, D. M. 48
Duns Scotus 80

E

Edda 116
Einstein, Albert 52
Eneias (Eneida) 38
Epicteto 74
Epicuro 72, 74, 82, 144
Esaú 47
Escoubas, Eliane 34
Espinosa, Baruch de 47

F

Falaturi, Abdoljawad 60
Flesch, Kurt 53
Fletcher, Richard 129

Fontaine, R. 92
Frederico II da Sicília 79
Freud, Sigmund 52
Fuchs, Friedrich 51
Fustel de Coulanges 144

G

Galileu 26
Garrigues, Jean-Miguel 171
Gelblum, Tuvia 77
Gerbert d'Aurillac 79
Gibbons, W.R. 110
Gilson, Étienne 80, 88
Goethe, 30
Goldsmith, Oliver 132, 133
Goldziher, Ignace 61
Gorki, Maxim 58
Graetz, Henrich 34
Gregório de Nissa 83
Gregório Magno 82, 117
Grimal, Pierre 39
Grunebaum, Gustave E. von 77, 78, 79, 152
Guilherme de Boldensele 130

H

Hadot, Pierre 72
Haecker, Theodor 55
Halecki, Oskar 14
Halevi, Yehuda 48, 127, 128
Harder, Richard 37
Harnack, Adolf von 58
Haskins, Charles Homer 100
Hay, Denis 19, 38

Hazard, Paul 134
Hegel, 37, 113
Heidegger, Martin 34, 67, 101, 153
Heine, Heinrich 30
Heinze, Richard 38
Henry, Michel 168
Heródoto 118, 129
Hesíodo 66
Hilduíno 83
Hölderlin, Friedrich 110
Homero 82, 91, 92, 116, 168
Horácio 39, 82
Hunger, Herbert 91
Hunke, Sigrid 80
Husserl, Edmund 25, 142

I

Ibn Abi Oseibia 76
Ibn al-Nadîm 76
Ibn Al-Rawandi 99
Ibne Almocafa 77
Ibn Jubayr 135
Ibn Khaldoun 62, 91, 95, 145
Ibn Qutayba 62
Irineu de Lyon 59

J

Jacó 47
Jacquart, Danielle 79
Jaeger, Werner 101
João Damasceno 85
João de Montecorbino 130
João de Plano Carpin 129

João de Salisbury 93
João Escoto Erígena 83, 153
João Filopono 67, 171
João Ítalo 106
Joaquim de Fiore 100
Jonas 60
Jorge Gemisto Pletão 107
José 60
José Cadalso 133
Joyce, James 156
Justi, Carl 161
Justino 59

K

Kafka, Franz 52
Kähler, Heinz 37
Kimhi, David 53
Kipling, Joseph Rudyard 43
Kluxen, Wolfgang 53
Kraus, Paul 99

L

La Fontaine 77
Lavisse, Ernest 32
Levi Della Vida, Giorgio 78
Lévi-Strauss, Claude 125
Lewis, Bernard 16, 20, 98, 135
Libera, Alain de 79, 85
Lien Chi Altangi 133
Lombard, Maurice 77, 107
Longepierre, Hilaire-Bernard de 132
Loraux, Nicole 37

Lübbe, Hermann 94
Lucrécio 40, 82, 88
Luís IX (São Luís) 129
Lutero, Martinho 53
Luzzatto, Samuel Davi 30
Lyotard, Jean-François 125

M

Mahdi, Mahdi 81
Maimônides 48, 53, 85
Maine, Henry Summer 126
Malebranche 132
Malvezzi, Aldobrandino 129
Mandeville, Sir John 130
Maomé 60, 61, 64
Maquiavel 89
Marana, Giovanni Paolo 131
Mário Vitorino 83
Marrou, Henri-Irénée 15, 41, 84
Marx, Karl 52, 170
Masqueray, Emile 43
Máximo, o Confessor 83, 153
McLuhan, Marshall 67
Mestre Eckhart 67
Metódio 156
Meyerhof, Max 85
Micheau, Françoise 69, 79
Miguel Pselo 107
Miquel, André 90, 98, 99, 138
Moerbeke, Guilherme de 83
Moisés 52, 60
Mommsen, Theodore E. 99
Montaigne, Michel de 114
Montesquieu 114, 131, 132
Montgomery Watt, W. 79

N

Nallino, C. A. 78
Nietzsche, Friedrich 93, 100, 120, 142, 153, 172
Noé 60

O

Odorico de Pordenone 130
Orígenes 42, 158
Ortega y Gasset, José 119
Ovídio 88

P

Palacios, Miguel Asín 62
Paret, Rudi 78
Parmênides 34, 72
Pascal, Blaise 40
Paul, André 46
Paulo Orósio 78
Pedro Abelardo 134, 135
Pedro, o Grande 149
Péguy, Charles 36, 161
Pellegrini, Giovan Battista 85
Péricles 69
Petrarca, Francesco 99
Pines, Shlomo 64, 77
Pirenne, Henri 16
Platão 42, 51, 71, 91, 116, 144
Plínio, o Jovem 40
Plotino 83, 158
Plutarco 73
Pomian, K. 175
Porfírio 104
Proclo 104

Protágoras 69
Pseudo-Dionísio 83

Q

Quintiliano 72

R

Rapin, Claude 72
Rashed, Roshdi 81
Razi (Abū Zakariyyā al-Rāzī) 47, 102
Rodinson, Maxime 64
Roger Bacon 79
Rômulo 38
Roscioni, Gian Carlo 131
Rosendorfer, Herbert 133
Rosenthal, Franz 79
Rosenzweig, Franz 60
Rubruk, Guilherme de 129
Ryckmans, Jacques 48

S

Saadia Gaon 48
Said, Edward 20
Salama-Carr, Myrian 76
Saliba, George 81
Samuel Ibn Tibbon 51
Santo Agostinho 24, 142
Santo Isidoro de Sevilha 41
São Cirilo de Alexandria 24
São Gregório de Nazianzo 152
São Jerônimo 53
São João Crisóstomo 49
São João da Cruz 153
São Tomás de Aquino 53, 63, 81, 83

São Vítor 53
Schaeder, Hans Heinrich 102
Schelling, Friedrich Wilhelm
    Joseph 42
Schilier, Heinrich 153
Schlegel, Friedrich 95, 100
Scholarios, Georges
    (Gennadios) 24
Schopenhauer, Arthur 168
Sellier, André 18
Sellier, Jean 18
Sêneca 74
Serres, Michel 31
Seznec, Jean 121
Simeão Metafrasta 92
Simplício 67, 72, 74
Sófocles 116
Steinschneider, Moritz 50, 78
Strauss, Leo 31, 93, 101
Strube de Piermont, Frédéric
    Henri 139
Suarès, André 33

T

Tales de Mileto 66, 67
Tardieu, Michel 75
Taubes, Jacob 165
Temístio 50, 68
Teodoro Metoquita 91, 107
Tertuliano 30, 59
Tibbon, Samuel Ibn 51
Tolstói, Liev 58
Troupeau, Gerard 78
Tucídides 42

U

Unamuno, Miguel de 142

V

Vadet, Jean-Claude 84
Valéry, Paul 31, 94, 173
Velázquez 161
Vercingétorix (gaulês) 33
Veyne, Paul 74
Virgílio 38, 82, 168
Voegelin, Eric 165
Voltaire (François-Marie
    Arouet) 47, 133

W

Weil, Simone 34
Wiet, Gaston 78
Wittgenstein, Ludwig 67
Wohlman, Avital 53
Wolff, Philippe 155
Wood, Frances 130

MNĒMA
www.editoramnema.com.br